從茅寮細孲仔(客語：小孩子)到臺灣創投天王

邱羅火口述歷史

邱羅火——口述　朱富國——採訪編撰

目次

飲水思源的典範

林奇宏｜國立陽明交通大學校長

邱羅火學長為本校07學年度傑出校友，同時也是交大在臺建校五十周年活動「臺灣50、影響50」選出產業界最有影響力的五十位校友之一。本書內容描述邱羅火學長自小在艱難環境中奮發讀書成長、初出社會就業、成立創投公司的人生經歷，看完全書只覺歷歷在目，口語化的故事敘述，令讀者彷彿如臨現場。

邱羅火學長童年歷經外在環境的苦難，但他不畏辛苦與艱難，求學時期協助家中經濟的同時勤於學業，最終考取交大，他相當感謝交大當時給了他一份闖蕩江湖的畢業證書。初出茅廬進入電子公司，後來加入工研院行列，成為臺灣第一批赴美受訓學習IC技術並參與IC計畫團隊之一，也讓我們能夠一窺當時國家標準實驗室建立，以及國家第一批半導體技術引進計畫的過程。

邱學長四十二歲時離開待了十四年的工研院，雖然許多科技界公司向他招手，但他反而願意從零開始踏入創投界。邱學長投入創投界三十餘年，投資了三百八十餘家公司，他在書中不僅分享多個輔導公司併購、上市重整的成功案例，更重要的是，他也不吝惜告訴大家他失敗的經驗，並將這些經驗與觀點分享給後輩，引以為鑑。

《從茅寮細孲仔到臺灣創投天王》一書中，隨處可感受到交大「飲水思源」校風以及交大人幫交大人的故事，包括邱學長自己在創業募資時，也受到諸多校友幫忙。交大創投基金成立，邱學長身負向校友募資以及管理之重責大任，也曾擔任交大校友會理事長多年，對於藝文中心的活動更是大力支持。也因為關懷母校，對於母校與高等教育之實務，提供具有遠見的建議與看法。

在此也特別感謝邱學長接受母校邀請，不吝惜地將其畢生的功力，化口述為文字傳授予下一代，他的腳踏實地與創新冒險、能力與智慧、企圖心與使命感，將藉由本書將其人生精彩的故事傳承，作為讀者、社會大眾的學習典範。

最硬頸的漢子，最柔軟的心

宣明智｜聯電集團榮譽副董事長（交大電工系62級）

從一九六九年我進入交大就讀電工系開始算起，我和邱羅火學長（多年來我們都以老邱、老宣相稱）已經認識超過五十年。半世紀的緣分，同在商場和校友會中並肩奮戰，我和老邱與其說是朋友，更像是家人。

老邱就讀交大期間，就是學生口中的「傳奇」人物，他最為人津津樂道的「政績」，就是擔任宿舍伙食委員時期，用競標和親自監督伙夫採買等方式，想盡辦法弄到最新鮮、最便宜的食材。老邱對經營管理和成本控管很有一套，住宿生常常還有「五人一雞」的加菜福利，在那個臺灣經濟環境艱困的年代，這個「小確幸」真的讓人回味無窮。

在我眼中，老邱確實把客家人「硬頸」精神發揮得淋漓盡致，從擔任交大宿舍伙委，到後來參加積體電路引進、電腦發展、建立國家標準實驗室等國家計畫，他都是一路埋頭苦幹，愈不被看好的事情愈努力做到最好。老邱完整見證了這些國家級大型計畫主導臺灣四十多年產業經濟的發展歷程，也因為有老邱和所有種子團隊的無私奉獻，今天臺灣才能享受豐盛的經濟果實。

就在臺灣產業發展逐漸步上軌道，再工作幾年就可以退休享清福的時候，老邱卻放棄了工研院的大筆退休金，以四十二歲「高齡」毅然決然投身創業，而且很快就進入臺灣創投界前段班。雖然少了博士學位是他在工研院發展的阻力，卻也是老邱決心改變人生的最大助力，別人笑他是瘋子也好、傻子也罷，老邱再一次憑著「硬頸」精神，漂亮地為自己爭了一口氣。

「飲水思源」這句交大校訓，老邱也比任何人都更努力實踐，特別在轉換跑道、創業有成之後，他更是盡己所能地投注心力在交大校友會和社會公益的經營上。只要母校或社會各界有任何資源需求，老邱總是立刻挺身而出，動員業界人脈發動募款。「吃人一口，還人一斗」是老邱常常掛在嘴上的一句話，但是他永遠做的比說的多更多。

老邱的「硬頸」精神，展現在他對交大校務的「擇善固執」和「勇於建言」，向來習慣「直球對決」的個性，讓很多人覺得他的發言「火力十足」。

赴ＭＩＴ留學和遊歷各國的經驗，讓老邱習慣以國際標準與視野高度，提供交大母校思考創新與改進的建議。只不過多數人都將焦點錯放在「責之切」，其實老邱以及校友們對母校的「愛之深」，絕對毋庸置疑。

再怎麼硬頸的鐵漢，內心總有個最柔軟甚至脆弱的角落。老朋友們都知道，老邱在成長過程中，家境一直不是很寬裕，我自己卻是讀到這本書後，才真正體會到貧窮一直是老邱家，以及許多臺灣家庭的日常。談起過往，老邱總是一派自若坦然，但從字裡行間漫出的苦澀汗水與淚水鹹味，卻是濃得令人打從心底發酸。

從小貧困的家境難免牽動自卑的敏感神經，卻也是老邱後來拚命地賺錢、積極改善家境的最大動力。雖然號稱工作全年無休，老邱仍然是朋友眼中愛家好男人典範，讀完本書後才知道，原來他的「戀家」，是不想複製父母關係的不完滿，以及療癒因父親早逝、母親病苦和經濟困頓傷痕斑斑的心。或許我們沒有選擇原生家庭的權利，但是老邱選擇了奮力創造和守護自己值得的幸福。

在我們讀著別人生命故事的同時，就好像多經歷了一次全新的人生，嚐到自己一輩子都沒有機會體驗的各種酸甜苦辣滋味。無論老邱或其他人的故事，都一次又一次提示著我們：人生難免有所缺憾，我們仍可以活得精彩；人生也無法重來，不用對曾經做過的選擇感到悔恨，只能抬頭挺胸、大步向前。

這本書，很適合每一個對生命有感，對生活迷惘的人細讀。其實，我們都不孤單，都有能力去實現自己的夢想，也應該幸福。有一天，當我們像老邱一樣回首來時路，會發現原本覺得過不去的關，總會有雲淡風輕的一刻。

交大藝文的貴人

洪惠冠｜陽明交大藝文中心交大校區主任

認識邱羅火學長是在二〇〇四年，他擔任交大校友總會理事長任內，當時藝文中心還在草創期，仍缺乏健全的組織編制，活動經費也有限，部分員工薪水還要自籌，邱理事長與陳俊秀執行長知道我們的困境後，允諾大力協助。有了校友會的奧援，讓我們可以大膽向前邁進，扮演推動校園藝文火車頭的角色，這二十年來藝文中心秉持「傳統與現代兼顧，精緻與通俗並融」的理念，主動策劃豐富多元的藝文活動，除建立「交大藝術季」品牌外，並提供藝術相關教學研究、學生社團展演輔導，對培育創作與藝文欣賞能力，提升校園及社區人文氣息，增強交大的軟實力，做出些許貢獻。

對於邱、陳兩位貴人與許多長期支持我們的校友，我深懷感恩，從中也見證了交大校友對交大精神「飲水思源」的實踐典範。近日搶先拜讀邱羅火學長的口述歷史傳記《從茅寮細徑仔到臺灣創投天王》，對他精彩的生命歷程，尤其是不畏窮困奮發向上的勇氣，佩服得五體投地。也更了解為何他會如此慷慨解囊，支持交大的藝文教育與活動。

邱學長回顧他求學歷程，新竹中學五育並重的治校理念，培養他喜歡音樂與文學的興趣，高中時他參加合唱團、球類等許多活動，但就讀交大時，因當年的交大是純理工環境，缺乏藝文相關資源，學生大多專注在理工範疇。因此當他畢業後在中正預校當數學教官服兵役時，看到臺大、輔大畢業生，拿起吉他就能自彈自唱，還能談亞里斯多德、談憲法，深感大學生應要培養廣泛興趣與人文關懷，所以他擔任交大校友總會理事長時，希望能強化交大藝文活動，對藝文中心的期許特別深。

透過邱羅火學長超強的記憶力，提供豐富的資訊，經過出版社用心編輯，才能完成這本精彩的著作。全書共分五章，從第一章〈原點〉，回顧微苦回甘的童年、青少年、青年成長求學的歷程，帶領我們回到物質貧乏的四、五〇年代，看到一個貧苦出身的細孲仔不向命運低頭，奮力向上的精神，也反映出臺灣民間生活的疾苦。

第二章〈蓄勢〉，描述邱學長出社會求職任職的歷程，得以窺見他主動積極，不計較的工作態度，為人正直、公私分明、嚴以律己的個性，及認真學習不斷累積自我能量的過程。他在工研院任職的十四年期間多次赴美受訓，見證臺灣科技產業發展的艱辛，如實呈現科技人面對龐大工作壓力的真實面，雖是個人傳記，也是臺灣社會變遷及高科技產業發展的縮影，許多叱吒風雲的科技人物，栩栩如生躍然紙上，讀來津津有味。

第三章〈遠颺〉，展現客家人的硬頸精神，不為五斗米折腰，以及離開工研院舒適圈，孤身闖江湖的勇氣與膽識，投入創投的冒險之旅，躋身創投四大天王的歷程。其中不僅分享了許多成功與失敗的案例，而他創立「員工入股分享制度」，募資過程獲得了交大校友充分的信任與情義相挺，這也是交大校友會「飲水思源，實事求是，互為貴人」精神的最佳見證。

第四章〈思源〉，邱學長事業有成，飲水思源回饋母校。協助交大成立創投基金，以企業化精神經營校友會，創造「被校友利用」的最大價值。擔任校友總會理事長期間對藝文中心鼎力支持，希望學弟妹能擁有豐富的藝文資源。對交大的發展，也發揮「愛之深，責之切」的精神，提供許多具前瞻性的建議與期許。

第五章〈初心〉，希望能將一生累積的功力，比如經營管理制度、法規、用人策略的建議，幫忙檢討修正商業模式等等，分享給年輕人，成為年輕人的導師，做個「有用的閒人」。他不斷提醒年輕的創業者「財散人聚放心中」，同時也分享他如何規畫退休生活與享受人生。

閱讀邱學長的傳奇人生，有幾個感想：一是英雄不怕出身低，唯有全然接納真實的過去，才能培養面對困境挫折的勇氣。二是認識自我人格特質、肯定自我，不斷累積能量，才能實現自我。三是懂得感恩惜福，樂於分享，共創多贏。這是一本勵志的人生故事，也是經營管理的創業寶典，非常樂意推薦給大家。

帶我回交大的恩人

陳俊秀｜交大校友總會執行長

二〇〇五年初，我接到來自交大校友總會會長邱羅火學長來電，他說：「陳俊秀學長（交大傳統，畢業後都以學長互稱），你要不要來交大校友會擔任專任執行長？」這位高不可攀的總裁竟提出這樣的邀約，令我驚訝萬分！當時我和兩位好友合夥成立「富爸爸國際」，負責公司營運的我便二話不說回絕他：「我又不是頭殼壞掉，怎麼可能放下自己公司不管，去擔任你的執行長！」但也不知道邱學長哪來的勇氣，那年竟鍥而不捨地打了三通電話給我！最後我被他誠意感動，只好在年底答應他隔年報到。沒想到這個決定，竟然是我這輩子最重要的轉捩點，意外使新竹成為我的第二故鄉，交大幾乎成為我生命中下半輩子的全部。

我向邱會長報告說，我知道您很忙，但我也肯定一刻不得閒，因為我若得閒，您就該擔心了！我和他約法三章：「平常，我不會吵您！月底，我會給您下個月的工作計畫；

月初，會給您上個月的工作報告；年底，給您下年度的年度計畫；年初，給您上年度的工作檢討報告。若您有所指示，請打個電話給我，我一定全力以赴、使命必達！但若有我需要您協助的地方，也請您務必支持。因為校友會沒錢，請您借錢給我發員工薪水，我會努力設法賺錢，賺了錢之後再還您。若三年內我無法達成損益兩平，也沒臉繼續待在這個地方。」邱會長就用交大創投管理費中給學校一半的一半，也就是四分之一，大約每年給我們兩、三百萬（當時辦友聲雜誌一年就可燒掉約兩百萬），苦撐了三年，終於達到損益兩平。而我也在校友會一待就十七個年頭過去了。感謝邱會長最初就給予最大授權，讓我能全力以赴，把所有的心思都放在經營校友會上。就如他書裡所說，他跟宣明智學長和我確實幫交大及校友會做了許多事，包括把當時甫從陽明大學卸任的吳妍華校長請來交大擔任校長，開啟交大BioICT的時代。

邱會長誕生於苦難時的臺灣，書中第一章所描述家中的窮困狀況，是那時代的普遍縮影，只是他又更苦一些。而他父親因入贅而自覺沒面子，再加上母家強勢，他本來應該要姓羅的，但父親使了點讓母親冠夫姓的小招式，所以他才姓邱，而第二個字是來自母親的羅。雖然不是複姓，現在看來，倒也是滿好的結局。從他決定念竹中、考交大，是為了要分擔家裡的苦活，可以看出他從小就是一個非常有主見、有出息，而且也是一位孝順之人，難怪他後來的表現如此傑出。書中提到交大建校初期包伙的採購招標制度，原來是他所發明，對學生而言，簡直是天才之舉。

本書除了記述邱學長的成長歷程，從第二章〈蓄勢〉起，更把臺灣半導體初期發展的歷史交代了一番，對當時代的背景資料，亦於註解裡記錄得非常詳細，應該對許多想知道臺灣半導體發展的年輕學子有偌大幫助。當時遠赴美國的年輕開拓者們，即便在異鄉外國過著捉襟見肘的生活，依舊不負行政院孫運璿院長「只許成功、不許失敗」的期許，對臺灣半導體做出巨大貢獻。現在想來，仍然十分鼻酸。邱學長後來更協助建立國家標準實驗室，也見證台灣PC產業的發展，這些都是無法磨滅的重要實績。

自第三章〈遠颺〉起，誠如學長所說：「人一時的決定，常常會影響他往後的一生。」我也覺得，答應他來交大校友會，也真的改變我的一生。不過他更帶種，毅然決然放棄二百八十七萬美元的分紅，開創自己的富鑫創投。他受惠於交大的栽培及交大校友和一些老長官支持，以募到的第一筆四億元基金，展開他的新事業；分散風險的策略加上過去好的投資績效，三、四年間，就讓基金規模成長到一百六十億，並得到新加坡政府支持，讓富鑫變成國際型創投公司，身列臺灣創投界四大天王，這是相當了不起的成就！

但要承認「失敗是日常」，則是更難能可貴的心理基石。交大創投成立在運氣比較差的時候，在千禧年網路泡沫時代展開投資，第一年就虧了大半，造成他滿大的壓力！二〇〇七年他腦瘤開刀時，我已經來交大校友會了，當時我曾到榮總探望他，慶幸手術相當成功，恢復得算快。他後來也開玩笑地說，洗澡時水沖到頭，聲音一邊是咚咚咚、另一邊則是洞洞洞。幾年前邱學長的健康問題有些不穩定，當時甚至聽他說，早上要趕第一班飛機去香港，開完三個會後，再趕最後一班飛機回臺灣。我聽了趕緊勸他，不要那麼拚啦，命比較重要，該注重自己的健康。

邱學長與我最大的交集是交大，第四章〈思源〉所寫便多是交大之事。「通常募款一定要言之有理，對方才肯出錢」、「原則上只要和交大相關，或是有意義的活動，我們這些老校友都很樂意捐款！」他所說的千真萬確。我來校友會後，便把經營方針訂為「創造被交大校友利用的價值」，並請書法家趙宇脩親筆揮毫，掛在校友會辦公室大門口，非常醒目。五個交大共同的校訓是「飲水思源」，我也請趙老師書寫墨寶掛在我辦公室裡，隨時提醒自己莫忘交大人的神聖使命。

在宣明智學長指導下，我也整理出「飲水思源、實事求是、終身學習、互為貴人」為交大十六字箴言。更把企業經營方式引進校友會，堅持我們在財務上要有自給自足的能力，所以建立了Senior CEO Club的「思源俱樂部」，CEO Club的「勁竹俱樂部」，

Pre CEO Club的「高階經理人培訓班」。在邱學長及宣明智學長的充分授權下，我們在校友會辦了非常多「有被利用價值」的活動。現在若不是疫情關係，校友會幾乎每週都有活動，我們真的把校友會經營成一個大家的校友會，而不是少數有錢人的校友會。

後來我們更在宣明智學長擔任會長期間，成立了「交大天使投資俱樂部」，投資成效卓著，也幫校友會累積不少資產。其實在我初來乍到時，校友會是很拮据的，我都跟大家開玩笑道，任何人見我就說，你們交大校友會很有錢，我則回答，您說的都對，但有一個小錯誤您可能沒發現：「不是交大校友會，很有錢；而是交大校友，會很有錢！」聽到的人都會莞爾微笑。但我說的也是實話，因為錢都在交大校友身上，而不是在交大校友會手裡。邱學長風趣地提到我請他出一百零一萬買下張俊彥校長夫人畫作，確有其事。從我到校友會來，每年補助交大藝文中心一百五十萬，洪惠冠主任用這麼少的經費，每年都辦理幾十場國家級的展覽、表演和藝文講座，績效亮眼且傑出，把交大藝文中心經營成全臺灣最好的藝文中心，應該在全世界也名列前茅，成為另類的交大之光，我們都深深引以為榮。

而邱學長提出他對學校的態度是直球對決，「對就做，不好就檢討」，確實是他的風格。我們對母校都是愛之深、責之切，需要我們的地方，我們都一定在，當學校最大的後盾。因為這所學校當初在臺復校時，就是由老校友捐錢、買地、蓋樓，竹銘館就是最佳見證。而最早趙曾玨、朱蘭成等資深校友，選定以當時概念還很模糊的「電子」領域為交大復校後的發展重點，讓交大在電子電機、資訊、半導體等領域表現傑出，成為全國最佳，也在世界前茅之列。後來更偕同工研院及科學園區，創造臺灣的經濟奇蹟，這是交大人深以為傲的地方。

二〇二一年和陽明大學合校後成為國立陽明交通大學，已經是同一所學校了，大家應該捐棄成見，不要小家子氣地在內部爭鬥，而應該以追求卓越、邁向偉大為目標。邱學長提到避免近親繁殖的概念是對的，廣納天下英才，方能成就偉大。我們衷心期望陽明交大的校長及領導階層，都能以將陽明交大經營成為頂尖大學、邁向偉大當作自己神聖使命。我自己雖然現在什麼都沒有，但卻在張懋中校長的影響下也設立一個偉大目標：「設法賺五百億把交大變成公法人，邁向偉大大學。」大家也許會質疑我怎麼這麼不自量力，怎麼可能達成呢？但這是交大人愛校之最的絕佳典範，看了這偉大目標的陽明交大人，大家一起來努力，讓陽明交大變成偉大大學。

在本書結尾，邱學長回到「初心」，描述他願意把經驗分享給後進，想做企業跨國併購案及創新的天使投資人。他也提到該做的要趕快去做，但「人生難免有些缺憾」，也是事實。他提出所有心中的不愉快、痛苦或失望，幾乎都是從「比較」和「計較」而來，看開了，心就開了。希望這樣豁達的心胸，能帶給他最佳的晚年生活。人生啊，差不多就這樣。他是活到老，貢獻到老的長輩好友。

最後，再次感謝羅火會長把我帶回交大來，才有機會為母校賣命。他對交大的感情，比其他人都深。二〇〇八年是新竹交大在臺建校五十週年，校友會送了藝術家曾郁文的作品〈薪火相傳〉給學校作禮物，座落於竹湖兩畔；建校六十週年的二〇一八年，我們在西區的湖邊栽種了六十棵落羽松送給學校作為六十大壽之禮，現在已經成為漂亮的落羽松秘境了；我們也期待在母校建校七十週年的二〇二八年，能夠一起再送一份大禮給母校。

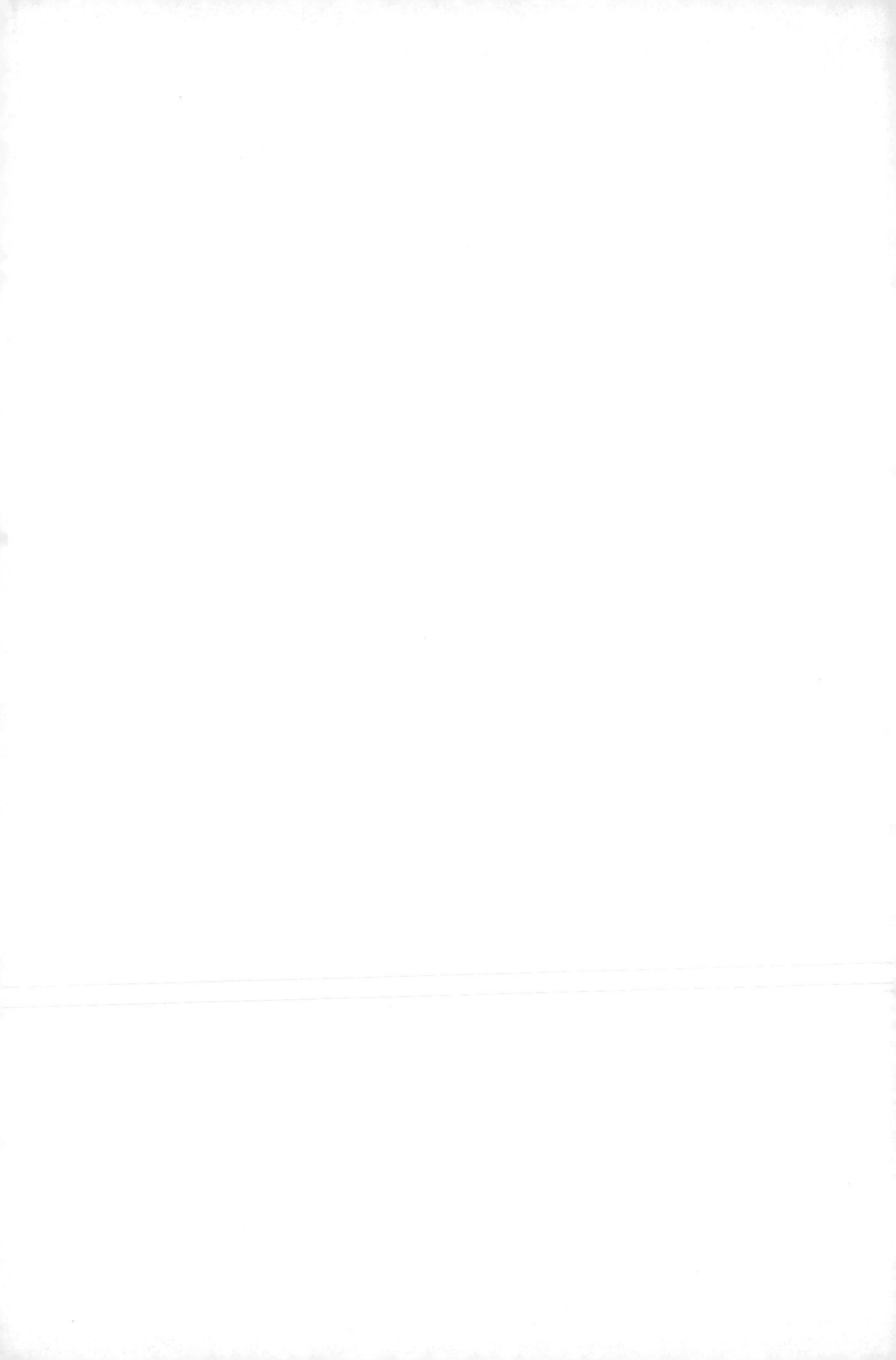

第一章 原點

爸爸有讀書也寫得一手好字，卻只打零工、不太會賺錢和做事。而我媽媽不識字，姊姊寫信回來時，就會要爸爸唸信給她聽，但是爸爸時常不理她，所以她就會跟我講：「哪怕我做乞丐，我還是會讓你讀書！」爸媽長期處不好，對我小時候的心理打擊很大。

微苦回甘的童年

我媽媽羅李妹是新竹縣竹北東海的客家人，[1]我的外公、外婆都是佃農，只要哪裡有田地就去（承租）耕作，收成的稻穀再繳一部分給地主。我媽媽在十五、六歲的時候，外公、外婆決定帶著全家到屏東去做佃農，才會認識我爸爸。

我爸爸叫邱仁才，祖籍廣東梅縣，是屏東長治鄉的客家人，民國前一年（一九一〇）出生，他還讀過日據時代的高等科，[2]相當於現在的小學。那時候的人很窮，又被日本統治，能讀小學就算很優秀了。他還去過專門教人家寫漢字、讀漢書，類似私塾的地方拜師，日文、漢字都寫得很漂亮，日據時代就開始在屏東糖廠當職員。

◆貧無立錐之地

我爸爸三十歲那年，我媽媽十六歲，兩人就在屏東結了婚。我外公、外婆沒有兒子，我媽媽又是老大，最後爸爸是被招贅，全家也搬回竹北。但可能是男人的自卑感作祟吧，而且只有他一個人識字，去戶政事務所辦結婚登記的時候，就讓我媽媽冠了夫姓，她反而變成嫁出去的女兒。

外公、外婆知道後非常生氣，所以我家非常不得寵。像我外婆一直不承認我是她孫子，一直到我考上交大她才認我，畢竟方圓幾里大概就我書讀得最好。交大畢業時，她甚至特別訂做一套西裝給我，我保留了很多年。

結婚登記這件事，造成我爸媽之間滿大的誤會和糾紛，外公、外婆也認為女兒既然嫁出去了，就不要住在家裡。起初我家是和外公、外婆住在竹北犁頭山下的四合院磚瓦屋，[3]我小學一年級的某一天放學回家，鄰居突然跟我說：「阿火啊，你不住在這裡了，你今天開始住後面的茅寮！」

1「東海」地區行政區演變沿革：一九四一年為新竹州新竹郡竹北庄東海窟，一九四六年改制為新竹縣竹北鄉東海村。一九八二年新竹縣市分治，改為新竹縣竹北鄉東海里，一九八八年竹北升格為市，現為新竹縣竹北市東海里。（資料來源：新竹縣竹北市公所官網）

2 日治時期小學畢業生可就讀二年制高等科，屏北地區當時僅長治鄉長興公學校設有高等科，現為長興國小。（資料來源：屏東縣長治鄉長興國小官網）

原來，我們被外公、外婆趕到一間用牛糞混合泥土、穀糠拍在竹籬笆上做牆，甘蔗葉加稻草鋪成屋頂的廢棄房子去住。

被趕到茅寮的日子滿辛苦的，如果有颱風來，我跟爸爸都要用繩子綁顆小石頭，丟到屋頂另一邊，再把繩子綁在大石頭上。只有這樣，才能把屋頂固定住，要不然一颳大風，整個屋頂都會掀開；為了擋漏水，床鋪掛的蚊帳上面還要鋪塑膠布。

剛被趕到茅寮的時候，房子裡面連爐灶都沒有，只好用三塊石頭架著鍋子，下面燒柴或稻草來煮飯。因為煮飯位置太矮很不方便，有一次我就跑回老家搬了張矮凳來坐，沒兩三下就被外婆拿回去。現在想起來，那時候我們家真的是「貧無立錐之地」！

◆人與六畜共生

我家裡除了大姊沒唸小學，不識字，原本還有一個哥哥，但是他三歲就生病過世了。二姊因為常生病，算命師說必須給人家當養女，從小就被板橋的人家抱養。接下來就是三姊和我，印象中家裡原本還有一個小我兩歲的妹妹，她大概一歲大就得到腦膜炎，那個年代大家都說是她的「腦被猴子吃掉了」！因為怕腦膜炎會傳染，後來她就被裝在籃子裡，掛在外面樹上直到斷氣，她哭的聲音我依稀還有點印象。

以前女孩子很早就結婚，兩個姊姊十八歲就陸續出嫁，我也到新竹讀書去了，我爸媽覺得寂寞，又抱養了一個三歲小女生到家裡作伴。我媽媽都是挑著兩個竹籃，左邊放一顆大石頭，右邊裝著妹妹，一起到田裡工作。

二十幾坪的茅寮，除了小小的客廳、廚房和穀倉以外，就是一張全家睡覺的木板大通鋪。以前天氣比較冷，冬天連菜葉上都常常結霜，爸媽就在木板床上墊稻草作隔熱材，上面再放草蓆，爸爸睡最左邊，媽媽睡最右邊，這樣三姊弟睡中間就不會著涼。爸媽對子女的疼愛，我真的是沒齒難忘。

我讀小學的時候，家裡還沒有電，晚上只能用煤油燈照明。如果要看書做功課，家裡連張書桌都沒有，有時是坐在床上唸書，大部分時間就是把飯桌清一清當成書桌來用。嚴格說起來那也不是飯桌，只是一個竹編的六邊形櫃子，上頭放一塊木板當桌面，吃剩的飯菜可以收在櫃子裡，門一關就能防蚊蠅、灰塵。

我一直到二十五、六歲，上班第一個月領薪水，才第一次買了張兩百元的書桌，上

3 犁頭山位於新竹縣竹北市、新埔鎮、芎林鄉交界處，地形類似古人犁田之犁頭得名。東起新埔鎮內立里，西迄竹北市中山高速公路，呈東西走向，為新竹縣兩大河流頭前溪、鳳山溪分水嶺，海拔高度一百五十六公尺。（資料來源：新竹縣新埔鎮公所官網）

面有很多國旗圖案，還有世界地圖那種。

那時候家裡還養了幾頭豬、一頭牛和幾隻雞鴨，那真的是「人與六畜共生」，躺在大通鋪上就看得到床邊竹籬笆裡養的雞鴨，整個家裡都是牲畜的味道。坦白講家裡就是窮，生活環境才會這樣。

至於廁所，就搭在房子外面的豬圈糞池上。以前也沒有衛生紙，都是劈竹片來代替，用完的髒竹片就放在畚箕裡，滿了之後再一次拿去燒掉；小便就尿在桶子裡，第二天才提去糞池倒。豬圈糞池大概一個禮拜就會滿，滿了就一勺一勺舀到桶子裡，挑到有一段距離的田裡澆地瓜或蔬菜，所以當時在臺灣的美軍[4]都不敢吃臺灣的蔬菜。

◆少年不識愁

以前通常是一年兩耕，比如說國曆一、二月種的稻子，大概六、七月收割，八、九月播種就十二月收成。暑假、寒假剛好是收割時間，所以我會插秧、犁田、打穀，也會把曬乾的稻草綁起來，用長長的竹棍挑回家堆成稻草棚，用來燒水、煮飯或餵牛。堆稻草棚可是有學問的，如果堆得不夠紮實，一旦雨水滲透下去的話，稻草會全部爛掉，就不能用了。

收成的稻穀也不用馬上去殼，一般會堆在家中穀倉，要吃之前挖一些稻穀裝在布袋裡，拿到街上的碾米廠脫殼。不種稻的幾個月，為了充分利用土地，家裡會種很多蘿蔔或蔬菜，蘿蔔收成了就拿來曬乾，芥菜就做酸菜。以前不像現在氣候這麼熱，冬天不只看得到霜，還會有螃蟹從小溪裡爬到馬路邊，隨便抓就一堆，想起來滿有趣的。

在沒有自來水的年代，家家戶戶都是喝井水，每一戶也有自家的水井。只要用繩子綁著桶子垂到井裡，在水面上一抖、桶子一歪就能打到水，再徒手把桶子拉上來。打上來的水就倒在家裡的水泥儲水槽中，挑一次大概能用三到四天，每個小孩子幾乎都做過挑水的活。

要洗衣服或洗東西的話，就到路邊的水溝處理，通常水井和水溝附近有一個給水牛泡水的池子，放學後我還要負責牽牛去田埂或河邊吃草。

雖然自己家裡有養雞鴨，雞鴨也會下蛋，但是全都要拿去市場賣掉賺錢，偶爾能吃到一顆菜脯蛋就很好了。一年裡面只有過年、端午節、中元節才有機會吃到肉。其他時候要想吃到肉，就要等家裡的豬長大賣掉，殺豬和賣豬肉的人會「強迫」我們買一點肉

4 一九五〇至七〇年代，美國先後捲入韓戰與越戰，為防堵共產主義擴張，美軍顧問團開始進駐臺灣，也選定臺灣為美國軍人渡假地。（資料來源：國家發展委員會局檔案管理局官網）

回去，我們家也只能買比較「爛」，也就是肥肉比較多的部位。以前吃餿水的豬，肥肉、瘦肉比例各半，吃起來比較甜，肥肉部分就會拿來煎豬油煮菜用。

就算日子窮苦，小孩子還是非常期待過年過節，因為過年我媽媽會買布幫家人做新衣服。以前鄉下的女孩子，出嫁之前一定要學會裁縫，平常我媽媽就會拿裝美援玉米粉、麵粉的袋子做成褲子和衣服給我穿。[5]

這些袋子上面印有「中美握手合作」和兩邊的國旗圖案，如果做成內褲，剛好左邊屁股是中華民國國旗、右邊屁股是美國國旗，我到小學五、六年級都還在穿。麵粉袋為了防止外漏，通常都會用純棉布料製作，這種衣服褲子材質其實還滿細軟的，穿起來不會不舒服。

我們客家庄的女孩子除了要會做衣服，還要會做碗粿、發糕、菜包、蘿蔔糕，那個時代不會縫紉、煮飯的話，是沒辦法嫁人的！可是我太太就是都不會，她哥哥還常常笑她說，將來你老公很倒楣，粄條、年糕、菜包什麼都不會做，也不會做衣服。幸好現在這些都不用自己動手了，花錢買就好。

◆打人像殺豬

我媽媽非常能幹，手一抓就能知道這些菜六兩、那個東西八兩，[6] 數字觀念也很好，可惜就是沒有唸書；我的數字觀念很好，應該遺傳自媽媽。不過，她脾氣很壞、非常火爆，脾氣來的時候「打人像殺豬」一樣，眼睛都不眨一下。

小時候我不算特別調皮，但是只要我忘了她吩咐的事，她就會發脾氣。每次她用客家話叫我「阿火」，手又擺在背後，我知道她背後一定拿著棍子，我就會跑給她追，被她抓到的話，那真的是打得十分「殘忍」。

長大後我常跟三姊聊天，講到臺灣有陣子紡織工廠，[7] 或者鳳梨蘆筍這類蔬果加工外銷工廠很興盛，[8] 她當時也想去做工賺錢。我媽媽怕她出外變壞，就用非常粗的棍子

5 一九四七、一九四八年間，美國與中華民國簽訂「中美救濟協定」和「援華法案」，提供軍事援助，以及供應食物、肥料、原料作為建設之用。一九五一年，美國國會通過「共同安全法案」，提供臺灣多元化協助。一九五一至一九六五年美援停止，美國經濟援助價值約十四點八億美元。（資料來源：國家發展委員會局檔案管理局官網）

6 一台兩為三十七點五公克，一台斤為十六兩。（資料來源：經濟部標準檢驗局常用度量衡單位換算表）

打她，嚇得她打消這個念頭。我們都不曉得我媽為什麼這麼暴躁，但是她情緒好的時候又很疼小孩子。

我媽媽跟外婆也處不好，偶爾會吵得很兇。可是我媽媽這人很奇怪，她賣菜賺了一點錢，又會去買點豬肉，把瘦肉挑出來煮湯端給外婆吃。她個性好的時候好得不得了，壞的時候非常壞，我也很難形容她。

在家裡，我媽媽非常強勢，她就是過分強勢，才沒有把我爸爸看在眼裡。我也一直想不通，當時讀過日據時代高等科的人，臺灣光復後多半被指派為教師、校長、警察，我爸爸為什麼只在屏東糖廠當個小職員，而且三十歲才跟我媽媽結婚，還是被招贅的？

◆入贅陰影揮不去

讀高中的時候，有一天我在寫作業，爸爸突然問我：「你會不會看不起我是被人家招贅的？」我說：「爸，你怎麼這樣講呢，我都已經高中了，你怎麼還在想這件事？」顯然入贅這個陰影，就算過了十幾年他還沒有辦法釋懷，當時被招贅好像對男孩子來講，是一種不怎麼好的事情，他才會在結婚登記的時候，把媽媽登記成「嫁」給他。

因為我不在屏東出生，我對屏東的親戚不是很了解，沒聽說長輩親戚反對我爸爸入贅。曾經有屏東親戚到我家借錢，但是我們家已經很窮了，我爸也不敢給我媽知道，就跑去柑仔店（雜貨店）賒帳借錢，每次賣菜後再一點一點還錢。或許就是因為這樣，我們現在和屏東的親戚幾乎沒聯絡，掃墓也都是回新竹新埔祭拜我爸媽的墓。

以前吃得不夠營養，醫療條件也不好，人看起來就顯老。我出生時我爸爸已經三十九歲了，小學一年級他帶我去學校，人家還以為他是我祖父。我爸爸有哮喘，但是菸又抽得兇，而且都抽「爛菸」：以前最好的菸是長壽菸，但他抽的是最爛的香蕉菸。[9]菸抽得兇就會一直咳嗽，咳嗽又沒錢去看醫生，只能去鄉下藥店拿些止咳止喘的藥。有一次我爸爸在挑東西，他邊工作邊哮喘的樣子，我到現在都還記得。

7 一九五〇年代末，臺灣整體政策從「進口替代」轉向為「補貼出口」，紡織品出口快速成長。一九六〇年代主要供應國外市場，一九七 年紡織品與成衣占臺灣出口分額高達38%，二〇〇四年臺灣仍位居全球第六大紡織品出口國，人造纖維產量全球排名第二。（資料來源：瞿宛文，〈重看臺灣棉紡織業早期的發展〉，《新史學》，第十九卷一期，2008.03）

8 日治時期臺灣即為世界第三大鳳梨加工地，一九七一年罐頭出口量78,732公噸，站上國際市場頂端，一九七〇年代後逐漸為東南亞取代。（資料來源：國家發展委員會局檔案管理局官網、農委會）
一九五〇年代引進臺灣種植的洋菇和蘆筍，在政府的產銷計畫撐腰下，和鳳梨罐頭並稱「三罐王」，一九六七年以這三種罐頭為首的臺灣罐頭產業，占外銷總額12.3%，達到歷史高峰。（資料來源：廖詠恩，〈打開塵封已久的罐頭傳奇：全臺曾有八十一間鳳罐工廠？三罐王是哪三罐？〉，《鄉間小路》，2021.02.22）

愛抽菸以外，我爸爸也很喜歡喝酒。二姊回新竹看爸媽時，都會帶著紹興酒，我爸爸捨不得喝，會去柑仔店裡面換成五加皮，[10]因為五加皮價錢差不多比紹興酒便宜一半。我感覺他是有酒精就好，有時候還會偷偷買酒，在穀倉稻穀堆挖個洞把酒藏起來，就怕我媽媽知道。

我媽媽會喝酒，但是不像我爸爸那麼喜歡喝，我外婆也很會喝酒，我的酒量應該是來自媽媽那邊的遺傳。

◆爸爸的便當盒

二次大戰期間，美軍常常來轟炸臺灣，我媽媽說美軍飛機會沿著頭前溪飛，機槍掃射的時候，他們都會躲在土地公廟後面的榕樹下，因為榕樹通常都長得很大棵，他們就會抱著榕樹避難。

我爸爸身體不是特別好，日據時代政府徵召男人修建新竹機場，[11]當時外公年紀大了，去機場施工的責任，也只能由我爸爸一肩挑了，等於他做了兩人份的工作。

修建新竹機場其實是為了神風特攻隊，日本的神風特攻隊自殺基地，就在新竹南寮。那時候做工，體力消耗很大，又因為只有蘿蔔乾配飯吃，所以我爸爸的白鐵便當盒特別大。當我們被外公、外婆趕到茅寮以後，我和三姊上學時也沒有錢再買新的便當盒，就拿我爸爸的便當盒來用。

便當盒裡通常都裝滿白飯，中間鋪著炒過的蘿蔔乾，因為蘿蔔乾炒起來比較香、比較下飯。我一年級時三姊讀三年級，我先吃一半便當，然後送到姊姊教室，她再吃另外一半，這樣的日子也過了兩年。

9 長壽牌香菸，為臺灣戰後之香菸品牌，其最早名為「壽」，為祝賀蔣介石總統壽旦所推出之紀念菸品，後於民國四十七年（一九五八）改名「長壽」，以傳統漢文化中象徵延年益壽之白鶴與壽翁為意象，搭配民間喜好之顏色如紅、黃、金等，長期居國內菸品銷售量之冠。（資料來源：文化部國家文化記憶庫）
香蕉菸是日據時期暢銷品「曙」牌捲菸之化身，民國三十六年（一九四七）由臺北菸廠產製，取名「香蕉」是因爲臺灣有「香蕉王國」之稱，一九四七年市占率高達86%，一九五五年產量達四十一萬箱以上，創最高紀錄。後來因爲其他品牌加入競爭，銷量減少而停止生產。（資料來源：臺灣菸酒股份有限公司官網）

10 臺灣紹興酒以埔里酒廠為主要產地，一九四九年埔里酒廠開始研發「紹興酒」，一九五三年上市。五加皮以高粱酒為基酒，浸泡五加皮、肉桂、當歸等多種中藥材調製而成，一九五四年開始供銷國外，一九五六年起兼銷國內。（資料來源：臺灣菸酒公司官網）

11 一九三七年中日戰爭爆發，日本為加強戰備並配合南進政策侵略東南亞各國，選擇在新竹北部廣大沖積平原設置「海軍新竹航空隊」機場。由於是距離中國最近的機場，戰爭後期曾遭受盟軍猛烈攻擊，機場設備損壞嚴重。一九四五年中華民國空軍陸續進駐接收，現為新竹空軍基地。（資料來源：國家文化資產網）

「三七五減租」、「耕者有其田」政策實施後，外公、外婆大約分到二點五甲土地，[12]但是他們很早就把土地分割給幾個女兒。我家雖然被趕到茅寮，也分到八點三分土地，可是這面積不到一甲的地，收成的稻子只夠自己家吃一年，沒有多餘收成可以拿去賣，家裡收入根本就不夠。

所以我大姊還得去幫人家採茶，按採下的茶葉重量賺點工錢。我爸爸也常常出去做工，比方說人家要蓋房子就去做粗工，或者像農會指導農家種洋菇做外銷，我爸爸就去採洋菇打零工，家裡經濟真的相當拮据。

全家和父親合成照，前排右起三姊、邱羅火、母親、大姊、二姊、妹妹。

◆貧窮夫妻百事哀

可是當家裡田地要除草的時候，總是媽媽、姊姊跟我跪在地上工作，爸爸老是左看看、右看看，這邊施點肥、那邊隨便弄弄。媽媽動作很快，我爸爸動作很慢，也不是身體不好的原因，他就是沒有很積極做事。或許是爸爸有讀書也寫得一手好字，卻只打零工、不太會賺錢和做事，導致爸媽長期處不好，即使我爸爸生病以後也沒有改善，這對我小時候的心理打擊很大。

我媽媽不識字，姊姊如果寫信回來，就會要我爸爸唸信給她聽，但是爸爸又常常不理她，所以她就會經跟我講：「哪怕我做乞丐，我還是會讓你讀書！」就是因為她受制於我爸爸不幫她唸信，心裡才會有這種感慨。

我還親眼看過媽媽跟爸爸一個人拿扁擔，一個拿挑稻草的竹棍子，在客廳前面的空地打架，多半是為了錢的事情。有一次我還看到爸爸抓住媽媽的頭往爐灶裡塞，她窒息到舌頭都吐出來了，後來怕出人命我爸爸才放手。所以貧賤夫妻百事哀啊，我媽媽個性很剛強又會對我爸爸發脾氣，我爸爸真的忍無可忍才會打她，現在想起來真的很心痛。

12 一臺灣甲共十分，約等於9,699.17平方公尺。（資料來源：經濟部標準檢驗局常用度量衡單位換算表）

勉力蛻變

我是一九四八年十二月十六號出生，因為晚報戶口，身分證才會記錄民國三十八年（一九四九）出生，算是二次世界大戰結束後，第一批嬰兒潮。我是冬天出生，據說八字算起來偏寒冷，所以取名「火」，跟著爸爸姓邱，羅是媽媽的姓。一九五五年我開始到六家國小讀書，學校離我家走路大概要四十分鐘，當時一般人家小孩生得比較多，一個教室坐了近六十個學生。

小學四年級開始，我偶爾會跟大姊一起挑豬菜去竹北市場賣，「豬菜」就是地瓜葉，是給豬吃的。地瓜分好幾種，人吃的地瓜葉因為養分都在葉子上，結的地瓜就很小；有一種藤很長、葉子很稀疏，那就是給豬吃的豬菜，地瓜就長得比較大。

◆良師翻轉人生

當年六家國小一個年級有四班，兩班是不升學的「放牛班」，我讀的是另外兩班升學班。畢業後有聯絡的同學差不多三十個。我曾捐一筆款項給同學會，小學同學會的開銷大多都從這筆款項支出，二〇二〇年疫情爆發前，小學同學幾乎每個月都會舉辦兩天一夜的郊遊，或者到竹北市吃中飯。

我媽媽去世時，小學同學還從各地趕到臺北送她最後一程，[13]奠儀我都捐給了六家國小，我也曾捐一筆款項給六家國小作為基金。

六家國小傑出校友中，比較知名的除了從政的林光華，[14]企業界裡就是上銀科技創辦人卓永財和我，另外還有交大的郭雙發教授；郭教授是我的鄰居，他住鹿場[15]我住東海，他是交大傑出校友及聚積科技董事長楊立昌[16]的岳父。臺北市明星學校仁愛國中前校

13 訪談指出，當時行政院長張俊雄曾到家中為母親上香，還出動交通管制，公祭時也派部長級官員至第二殯儀館讀誦祭文。

14 林光華，曾任新竹縣議員、立法委員、新竹縣長。

15 現竹北市鹿場里。

長何碧燕也是我小學同學，她是非常優秀又努力向上的人，可惜前幾年中風走了，讓我再次體認到「人生最重要的還是健康」。

小學畢業那年，爸爸親口叫我不要繼續唸書，因為他已經五十幾歲，覺得自己老了、身體也有病，連挑東西都會氣喘，希望我幫他種田。我的班導徐紹林老師知道了，就要我請爸爸到學校來，他對我爸爸說：你兒子是全班第一名，是全校模範生，如果沒有錢可以報考初中，那報考費我來幫忙，說不定你兒子可以考上狀元，替學校爭光。[17]

我記得考試報名費也不多，但是我爸爸沒有「用教育翻轉人生」的概念，我媽媽應該也不知道這件事。後來家裡還是出錢讓我去考初中，[18]雖然最後我不是狀元，但是也考進新竹第一中學，[19]就是現在的建華國中。當時新竹一中是桃竹苗地區最好的初中，也是和尚學校（男校）。

◆鄉下來的「客人仔」

一九六一年我讀了初中以後，我爸爸也很認分，每次要交學費或其他費用，他就會出去打零工，比如幫人家摘洋菇。摘洋菇很辛苦，清晨四、五點就要開始摘，超過六、七點就會成散花（開傘）。有時候他就背個包包，到北部或南部三、五天，去幫人家割稻插秧。我爸爸打零工很辛苦，可是收入不算穩定，小孩子多少還要幫忙分擔家裡工作。

初中時禮拜六上午都還有課，十一點半下課後我就從寶山路穿過竹蓮市場，[20]一路跑到新竹客運站，趕十二點的芎林線公車到六家，再從六家走回犁頭山下的家。吃完中飯，就上山去砍家裡燒的木柴，禮拜六砍一擔柴，禮拜天早上一擔、下午一擔，也要割草給牛吃。

放假的時候，偶爾還要走到竹蓮市場去賣菜。路線是從東海走過頭前溪上的獨木

16 楊立昌，101學年度交大傑出校友，交大電子物理系69級，交大光電所碩士，美國伊利諾大學材料科學博士，一九九九年創立聚積科技。

17 國小畢業獲頒縣長獎，在師長的家庭拜訪、遊說下才幸運獲得升學機會。（資料來源：陳愛珠，〈邱羅火　縱橫科技界〉，《中國時報》，1998.04.30）

18 一九二二年中華民國教育部頒布「壬戌學制」，將中學教育分為初、高兩級，各修業三年，考試招生。57學年度實施「九年國教」，初中改制國民中學，採免試入學。（資料來源：《第七次中華民國教育年鑑》，教育部，2012.12）

19 創校於一九三九年，一九五六年改名新竹縣第一中學，一九八二年改制為新竹市立建華國民中學。（資料來源：建華國中官網）

20 竹蓮市場位於新竹市竹蓮街15號，鄰近竹蓮寺及新竹轉運站。早期是以竹蓮寺為中心發展而成的市集，一九九九年竹蓮市場大樓落成　整合管理三百多家攤商。（資料來源：新竹市地方寶藏資料庫）

橋，大概半小時可以走到現在的九甲埔，[21]從九甲埔走到竹蓮市場也差不多半小時，這還是挑著雞鴨青菜、半走半跑的速度。以前很少穿鞋子，如果冬天光腳又踢到石頭，真的會痛死人！這樣蹲在竹蓮市場賣雞、賣鴨、賣菜的日子，我在初中時代都曾經歷過。

讀小學和賣菜時我都是打赤腳，到新竹市讀初中就要穿鞋子了。以前常常看到學生捨不得穿鞋子，用鞋帶把鞋子綁在一起，掛在肩膀上回家，我雖然沒有這樣，也曾經鞋子穿到破了，腳指頭跑出來，被同學笑過。還有一次我在學校倒垃圾，結果玻璃碎片刺穿了我的塑膠鞋底，當場血流如注，這麼多年了我還是印象深刻。

新竹一中是當時桃竹苗地區的初中第一志願，初一時我跟三個同學跪在地上打撲克牌，就被學校記小過，還公布讓全校知道，校規相當嚴格。但是我也曾親眼看到學生拿刀追殺老師，有陣子每天都帶著恐懼的心情去上課。而且很多同學會說我們是從鄉下地方來的「客人仔」，酸客家人又窮、又摳、又節省，藐視意味非常明顯。進了新竹中學後，因為客家籍和閩南籍學生數目差不多，就沒有被歧視的現象。

◆竹中三年受用一生

初中畢業時，我爸爸又叫我不要繼續唸書，回家幫他種田，但最後還是讓我去參加考試。我並沒有想考新竹工校，也不想考新竹師範，[22]騎著腳踏車晃了一圈，沒報名就回家。最後只報考了新竹中學，一九六四年順利進去就讀。[23]

小學、初中、高中、大學到研究所，我都是讀很不錯的學校，研究所讀的麻省理工學院（Massachusetts Institute of Technology，簡稱ＭＩＴ），那更是世界頂尖名校，但是我認為新竹中學給我的啟發最大。新竹中學怎麼好？我覺得在於「五育並進」。

當時新竹中學一個年級有十四班，是桃竹苗地區最好的高中，跟建中、北一女齊名；因為北一女的制服是葉綠色的，我們還常說要「秋風掃落葉」。[24]新竹中學辛志平校

21 現今新竹市九甲埔路兩側，屬千甲里。（資料來源：《新竹市志》）

22 新竹工校：一九四四年「新竹州立新竹工業學校」創立，一九四五年改名「新竹工業職業學校」，一九六九年更名新竹高級工業職業學校，二〇〇〇年改制為「國立新竹高級工業職業學校」。（資料來源：新竹高工官網）

新竹師範：一九四〇年新竹師範學校創立，一九六五年升格為臺灣省立新竹師範專科學校，一九八七年升格臺灣省立新竹師範學院，一九九一年改隸國立新竹師範學院，二〇〇五年改名國立新竹教育大學，二〇一六年與國立清華大學合校。（資料來源：國立清華大學官網）

23 創校於一九二二年，原名「新竹州立新竹中學校」，後為臺灣省立新竹高級中學，二〇〇〇年改制為「國立新竹高級中學」。（資料來源：新竹中學官網）

24 新竹被稱為「風城」，以秋風代表竹中，落葉代表綠色制服的北一女，暗示兩校學業與升學成績間的激烈競爭。

長是很偉大的教育家，他二十六歲從廣東中山大學畢業，隨著國民政府來臺之後，就奉命接任新竹中學校長。政府一度要他擔任臺灣省政府教育廳廳長，掌管全臺灣教育資源的配置，實際權力比只管幾間大學的教育部長更大，但是他沒有接受徵調，最後在新竹中學校長任內退休。[25]

一九六〇年代高中分為四類組，甲組理工科、乙組文科、丙組醫農生物、丁組商法科，[26]後來我選擇讀甲組。我雖然讀的是理工科，歷史地理都還考九十幾分呢！

我十幾年前搭地中海郵輪，參觀希臘、土耳其、義大利各地的文化古蹟，還有龐貝城、伊斯坦堡、比薩、佛羅倫斯、巴賽隆納這些城市，當導遊講到羅馬帝國、鄂圖曼土

25 辛志平，一九一二年生，廣東省羅定人，畢業於國立中山大學教育學系，曾在廣東防城縣立鄉村師範、中山大學等校擔任教師。一九四五年接任新竹中學校長至一九七五年退休，一九八五年逝世。主持竹中校務三十年，強調五育均衡教育，早年不實施文理分組，音樂、美術、體育等「副科」重要性等同學科，不及格者無法畢業，越野賽跑與游泳二十五公尺為畢業門檻。（資料來源：國家文化記憶庫、新竹中學校友會官網）

26 一九五四年臺灣首度實施大學聯考，臺灣大學、臺灣師範學院（臺師大前身）、省立臺中農學院（中興大學前身）及省立臺南工學院（成功大學前身）四校加入聯招。一九五六年私立大學及專校加入大專聯招（含軍校），分為甲、乙、丙組。一九六六年分甲、乙、丙、丁組招生：甲組為理、工類，乙組為文組，丙組為醫藥、動植物類，丁組包括法、商類。（資料來源：徐明珠，〈站在大學入學考試變革的轉捩點上〉，《國政研究報告》，國家政策研究基金會，2001.07）

上｜初中證件照。
下｜高中時期遊覽五指山，約攝於 1965 年。

耳其帝國的興衰歷史，或者聖家堂的藝術價值，還有古代戰爭地下建築工事卻不知道怎麼翻譯的時候，我都還可以幫忙翻譯。

一個讀理工的人，歷史、地理也還能有一定的基礎，這就是新竹中學五育並進的好處之一。

◆碰到美術就完蛋

新竹中學還規定每學期都要選讀文學巨著，暑、寒假各一本，開學時交報告，選《紅樓夢》或者《基督山恩仇記》都可以。這項訓練也讓我養成在小學同學群組裡，常常會寫小詩或散文跟大家共享的興趣，這個習慣維持了很多年。

音樂課是新竹中學的另一項特色，還有學生因為音樂課被當而留級，有個小我一屆的學弟就是音樂課被當掉，沒有辦法拿到畢業證書，只好用同等學力考上臺大電機系。我覺得音樂跟美術需要一些天分，也可能和基因有關，是不能強求的，強迫學習有時候對當事人是很痛苦的事情，不過凡事還是值得努力嘗試和經歷看看。

我的音樂課是由蘇森墉[27]老師指導，考試方式之一是老師隨機翻開樂譜，老師用鋼琴彈其中一段旋律，彈完後學生就要立刻唱出這段旋律，五音不全的同學，真的會嚇到臉色鐵青、全身冒汗。不過老師只專注在彈琴和聆聽，並不太會抬頭看學生，有些同學就叫我在後面幫忙代唱，我還真的幫了很多同學過關。

當年學校一到午休就會分成兩批人：音樂底子不太好的同學，會到校園後山去練習演唱、識譜或節拍，一邊唱還一邊用手打拍子；一批是像我這樣的合唱團員，或是有音樂底子的學生，就會到音樂教室去閉著眼睛欣賞音樂，老師還會教我們填詞譜曲。

新竹中學的好處之一就是給學生機會，不管你選擇哪一組，都要學習欣賞歌劇、古典樂等各種類型音樂，直到現在我還是很喜歡音樂。

可是我一碰到美術就完蛋了，我真的沒什麼美感。有次戶外寫生要畫學校體育館，李宴芳[28]老師說我畫得很像「棺材」，真的是很慘！我的美術課沒有一次及格，老師的補考方式是畫賀年卡，一張補一分，如果五十二分就得畫八張賀年卡，用來慰勞前線三軍將士。每次我一邊畫就一邊想，這補考方式有夠扯的，我畫畫已經夠醜了，還叫我們畫這個勞軍！不過我也知道，這是老師對我們的磨練。

27 蘇森墉，一九一九年生於臺北市，十一歲隨父母遷居福建省漳州市，後保送國立福建音專師資班修習聲樂一年。一九四六年獲新竹中學校長辛志平聘為音樂教師，為《新竹中學校歌》作曲者，改編合唱歌曲百餘首。蘇森墉一九七三年自竹中退休，二〇〇七年逝世。（資料來源：新竹中學校友會；陽明交大蘇森墉音樂館網頁）

◆水的恐懼

新竹中學最好的教育，我覺得還是體育課，三年六學期，上學期踢足球、下學期排球、接下來學網球，六學期可以學六種不同的球類，夏天還有水上運動大會，非常多元。我覺得這個很好，學生可以發現自己比較喜歡哪一種運動，將來有機會變成嗜好。我自己高中就踢足球，也學過鉛球和鐵餅。

我唸竹中那幾年，學校還沒有蓋游泳池，都是在新竹公園裡的新竹縣立游泳池上游泳課。那時候新竹縣市還沒有分家，新竹縣立游泳池位在新竹市。考上高中後，我聽說進新竹中學一定要會游泳，就

邱羅火（右二）與高中同學於芎林飛鳳山合影。

到犁頭山下的河裡學游泳，從狗爬式、蛙式開始練習，其他都不會。

高一有次上游泳課，我看到游泳池一邊很多小朋友游來游去，另一邊都沒有人，我就游過去，原來那是很深的區域。我游過去後想休息，才發現腳踩不到底，心裡一慌就拚命掙扎，愈掙扎人就愈往下沉，最後只剩下氣泡咕嚕咕嚕冒出來。原本救生員看到我往水深的地方游，還在那邊偷笑，後來發現不對勁，才趕快丟了一條救生繩讓我拉住，再把我拖上來。

後來新竹中學游泳池蓋好了，因為就在交大博愛校區對面，很多交大學生會偷跑去游泳，[29]我卻沒有這樣。那一次差點淹死的經驗，我是真的被嚇到了，從此對水有一種恐懼感。

全長大約五點六公里的越野賽跑，也是新竹中學畢業生的共同回憶。記得高中百米

28 李宴芳，字俊賢，一九一〇年出生於苗栗銅鑼，曾就讀臺北師範學校，師承石川欽一郎，作品多次入選臺、日畫展。一九四八年起轉任新竹中學美術教師，學生眼中其教學風格「嚴」、「怪」。一九七〇年退休，晚年潛心佛法，法號達明，一九八二年離世。（資料來源：新竹市文化局官網）

29 新竹中學游泳池於一九六七年落成，交大校友宣明智回憶，當時交大博愛校區並無泳池，曾和二十幾位交大同學跑去竹中泳池裸泳。（資料來源：宣明智，〈那些年交大白宮一舍的故事〉，《交大友聲》，448期，2011.10）

短跑我可以跑到十三秒左右，因為我的瞬間爆發力很強，所以才能夠踢足球；可是十八尖山的越野賽跑，在一個年級八百多人裡面，我記得每年也都跑五、六十名。

一般像我這種矮壯型的人，爆發力強也擅長短跑，瘦長型的人就適合長跑，可是我長跑還滿有耐力的。這可能跟我賣菜有關，畢竟從竹北老家到新竹市賣菜要半走半跑一個多小時啊，右邊挑菜瘦了就換左邊挑，左邊瘦了擔子一甩再換右邊挑，這種「訓練」還是挺有用的。

現在回頭來看，我覺得新竹中學給我的教育，是最完整的五育並進，也對我人生影響最深。印象中我在一九六七年那屆新竹中學十四班畢業生中，還是前段班畢業的。

◆選交大的秘密

從小我的志願就是當小學老師，然後趕快「脫貧」，高中以後認識了閩南人、外省人，也有做生意的人，視野比較打開了，當老師就不再是優先選項。大學聯考我考得不錯，數學我還考了一百一十二分，[30]分數也可以進臺大和清大，只是不同的系。

沒有選臺大，是希望留在新竹，選填志願就以交大工學院[31]為主，考上了電信工程系；沒有填清大，是因為我喜歡讀工科，清大當時都是理學院。[32]我參加大學聯考那年有六萬多名考生，如果沒有考全國前兩、三百名，根本進不了交大。

以我的成績，高中畢業應該去讀醫科，但我曾經計算過，讀醫科七年大概要花二十一萬，在那個年代根本是天文數字。如果考量我家經濟狀況，讀公費的國防醫學院也不錯，可是我家沒有電話、電視、報紙，完全沒有這方面的報考資訊，也就錯過了。我沒有想過讀師大，因為我覺得老師的待遇實在太低，記得當時中學老師待遇，一個月只有六到八百元左右。

希望留在新竹讀大學，更重要的原因之一，是家裡豬圈糞池一個禮拜就滿了，我每個週末都要回家幫忙把糞池清空，挑豬糞去澆地瓜葉或是青菜。

30 一九六六年起，甲組數學、乙組國文加重25%計分。（資料來源：《第四次中華民國教育年鑑》，教育部，1974）

31 一九五八年交大於新竹復校，成立國立交通大學電子研究所。一九六七年，電子研究所改制為工學院。一九七九年，恢復校名為國立交通大學，二〇二一年與國立陽明大學合校成立國立陽明交通大學。（資料來源：國立陽明交通大學發展館）

32 一九五六年，清大於新竹復校，一九六四年恢復大學部，至一九六七年僅設有核子工程學系、數學系、物理系、化學系。（資料來源：國立清華大學數位校史館）

狂狷青春

一九六七年確定錄取交大電信系後，我就先到臺中成功嶺接受兩個月的大專集訓，[33]不過那兩個月我覺得很好。軍隊裡講求一個口令一個動作，一直都在讀書的學生參加軍事集訓，對提升體力和培養團體紀律很有幫助。像爬鐵絲網訓練，也真的用機槍掃射，對學生是很震撼的體驗。印象比較深刻的地方，就是我的臂力很大，丟手榴彈成績很好。

開學之後又回到熟悉的學府路，只是從去新竹中學上課，變成走到學府路另一邊的交大去上學。交大博愛校區就在新竹中學對面，面積實在太小了，感覺比高中母校還要小，人家都說從前門踢足球，後門就出去了。

大學時期證件照。

◆「秋老虎」來了

在交大修的課程裡，我只有一科不及格，就是張俊彥校長[34]的半導體電子；不過半導體電子只是電信系的選修課，所以我連補考都沒去考。後來我跟張校長提起這件事，他卻完全否認，不相信我會被他當掉。申請MIT時需要大學成績單，我只有那一科是紅字，所以我相當確定有這件事。

後來張校長開玩笑說：「可能因為你寫字太醜，我看了都會吐，所以把你當掉了。」不過以前寫情書給我太太，她說我的字寫得很漂亮呢！

溫鼎勳教授是電信系首任系主任，他十九歲就從上海交大電機系畢業，江澤民是同班同學。溫教授是交大在臺灣復校的大功臣，送教育部申請復校的所有文章都是他寫

33 一九五八年「八二三砲戰」前夕，教育部擬訂「大專學生暑期集訓」辦法，實施成功嶺大專集合訓練。早期大專集訓以暑訓為主，為期十四週，後增加寒訓，訓練週期也逐漸縮短至四週。大專集訓比照陸軍新兵訓練，以開訓、結訓、震撼教育及行軍操練為基礎訓練。一九九九年大專集訓劃下句點，成功嶺也成為臺灣四、五、六年級生的共同回憶。（資料來源：國家發展委員會檔案管理局）

34 張俊彥校長生平，請參閱《傳奇人生：張俊彥傳》，國立交通大學出版社，2019。

的，文筆很好。溫教授菸癮很大也不修邊幅，有時候穿著短褲拖鞋就來上課，聽說總統還是副總統來視察，他一樣穿著短褲。我覺得溫教授專長是動手操作，哪個雷達或儀器壞了，他拆開來弄弄就好了，可是他教書大概有一半我們都聽不懂，應該是口音的關係。

溫教授是寧波人，有時候我去他家聊天，他說邱羅火來了，大家卻都聽成「秋老虎」來了，很有意思。溫教授的幾個女兒像溫瓌岸，[35]我是看著她們長大的，那時候都還是小女孩。

雖然交大以理工科系為主，卻有很多教授是才子。除了溫鼎勳教授文筆很好以外，我記得還有一位黃教授，逢年過節他會寫很多詩詞，或者做元宵燈謎讓全校師生猜，這算是交大生活裡，比較「詩情畫意」的一小段記憶。[36]

當年唸交大，只能用「天昏地暗」來形容。如果唸施敏教授[37]的電子學，或者朱蘭成院士[38]的電磁學，因為都是原文書，真的就像看「天書」一樣難懂，每天只好在圖書館、宿舍、教室之間往返學習，很少機會出去玩。外地來的同學週末回臺北，我就回鄉下去幫忙農作。

後來我兒子念交大電子物理系，我常常覺得心理很不平衡：老爸當年讀大學可是拚死拚活的，你怎麼感覺唸得很輕鬆？現在交大學生還可以修民法、營養學這些課程，真的比當年幸福多了，視野豐富很多。

35 溫瓌岸，現任國立陽明交通大學電子研究所教授。

36 交大校友陳漢平回憶，當年教應用數學的黃永文教授是位謎語專家，每逢元宵節，圖書館就展開燈謎大會，大廳裡到處飄動著五彩的謎條，成為新春智慧的懸賞。內容包括數字謎和師長學生姓名為題的謎語。（資料來源：陳漢平，〈少年情懷總是詩：兼賀母校九十週年校慶〉，《交通大學九十年》，1986）

黃永文，一九七三年八月擔任中原理工學院電機系首任系主任。67至73學年度任教於輔仁大學電機工程學系。

37 施敏，史丹佛大學電機博士，亦獲聘為中央研究院與美國國家工程院院士、國家實驗研究院榮譽顧問、IEEE Life Fellow、教育部國家級講座教授、國立陽明交通大學電子研究所終身客座教授。研究方向為半導體物理與元件、積體電路製程技術等。（資料來源：國立陽明交通大學電子研究所官網）

施敏教授於一九六九年出版的《半導體元件物理學》可謂半導體界的聖經，該書被翻譯成六種語言，在四十餘國發行，只要研究半導體相關課程的人，幾乎都讀過。（資料來源：張如心，《矽說台灣》，潘文淵文教基金會，頁41-42，2006）

38 朱蘭成，電磁波研究泰斗，一九一三年生於江蘇淮安，一九三四年畢業於上海交大，一九三八年獲ＭＩＴ博士，為中央研究院院士、美國電機與電子工程師學會、美國物理學會、美國藝術與科學學院之榮譽會員。交大在臺復校，朱蘭成博士多方協助籌劃與邀請名師至交大任教，一九七三年因肺癌病逝於美國。（參考資料：鍾皎光，〈朱蘭成博士行述〉，《交大友聲》，234期，1973.09。張俊彥，〈懷念吾師朱蘭成院士〉，《交大友聲》，355期，1996.04）

◆柴米油鹽發現未來

雖然讀書「天昏地暗」，我在大一、大二時還去當新竹中學僑生的數學家教，賺取每個月兩百元的家教費，勉強支應宿舍每個月三百元伙食費，我也更確定了教書賺不了大錢。當年大學聯考新竹考區就在新竹中學或新竹商校（現國立新竹高級職業學校），我也會去批發一些便當、汽水來賣給陪考家長和考生。就算這樣，家裡還是賣了零點八分田地給我阿姨，才有辦法幫我繳大三的學雜費。

同屆考上交大的學生，大部分來自北部高中，很多是建中、師大附中畢業生，南部的學生並不多。臺北來的學生多數家境算不錯，那一屆交大學生裡，應該屬我家最窮。

有一次，我爸爸騎著腳踏車去竹蓮市場賣菜，然後到交大學生宿舍，也就是「白宮」，把中元節家裡拜拜的肉拿給我。看到我爸爸穿著汗衫短褲，騎著雙槓腳踏車、載著菜籃到學校，我真的很感慨。我有很多同學是爸爸開著轎車載來上學，如果家長是軍官的話，就會由侍從官開著吉普車送到交大上課，那時候軍公教人員的待遇跟一般農民工人的待遇，坦白講差很多。

後來，有件事情改變了我一生：大三時我接了學生宿舍伙食團主任委員。

當時學校規定學生必須住宿，不住宿則要特別申請。每班都要選出一名宿舍伙食團委員，主任委員由大三學生擔任，任期一年。那時全校從大學部到博士班共五百多人，每個月食材用量不小，寒暑假我就召集黃豆、米、油、肉這些大宗物資的業者來競標，誰出最低的價錢，就能拿到一整個學期的訂單。

以前要向哪個商家購買，都由伙委決定，這個招標制度是我發明的。每天早上三、四點，我還會跟伙夫踩著三輪車，到北大路去買菜，有時候也會到南寮魚市場去買魚，價格會比較便宜，也能監控品質。

住宿伙食費一天十元，早餐兩元、中餐晚餐各四元，每個月都要先交。我建立另外一個制度，就是大家可以事先登記哪一餐要吃、哪一餐不吃；比如週末回家，不吃的幾餐就退錢給你，以前是不退的。

這個制度的好處是可以按照登記吃飯的人數，進行食材總量管制，我還會畫統計圖，確認每天食材消耗、庫存數量和用餐人數是不是符合。有一次我就發現魚和肉的庫存量突然減少了，追查之後才知道是伙夫把食材拿回家了，我就把他臭罵一頓，畢竟這些都是學生繳的錢。

◆沒油水的伙食主委

價錢和數量控制好，伙食團就有更多預算幫學生加菜，差不多每個禮拜加菜兩次，四到五個人可以分到一隻雞，大家圍在長桌吃飯就像家人一樣。在我前後幾期的交大學生，都知道我的伙食辦得很好，我可以很自豪地說：大家發育這麼好，有一部分是我的功勞！

能夠常常加菜，還有一個原因就是我不貪污。

唸書的時候我偶爾會抽菸，那時候滿多人都會抽菸，有種抽菸才像大人的感覺。有家攤商某天來學校收帳，拆了一條三五牌的菸[39]請我抽，臨走前就把整條香菸放在伙委辦公桌上。當年菸很貴，買菸不是一包一包買，而是一根一根買，長壽菸是五毛錢一根，我就知道他是故意把那條菸留給我。

我立刻拿著整條菸追上去，把菸丟到他的三輪車上，我說以後不准這樣子！攤商跟我講，他做了這麼久的生意，第一次碰到連菸都不收的人。後來我聽說，有些學校學生品行不好，還會跟攤商收錢或者要求上酒家，甚至競選伙食團主委還要買票，因為辦伙食的「油水」很多。我一直覺得很奇怪，他們為什麼不好好珍惜自己的羽毛？

我外婆那時候還在世，也曾問我當主委有沒有油水？我跟外婆說：我們一點油水都沒有拿！我比較驕傲的一點，就是雖然出身貧窮，卻沒有拿過一毛不屬於自己的錢！現在回想起來，二十歲就能想到招標、總量管制這類制度，我在管理方面應該有些過人之處，後來才會走上創投和企業管理的領域。

◆睡棺材抽菸屁股

交大最老的學生宿舍「白宮」不在博愛校區內，而是在學府路新竹中學旁，現在是創新育成中心，建築物到現在都沒有變過。宿舍是四人一間房，書桌上面就是床鋪，爬上去就像睡在棺材一樣。一年級生住白宮，二、三年級就住在博愛校區裡的宿舍，第四年就住在更靠近研究生宿舍那裡。住宿會看到每個人不一樣的習慣，像我班上的沈灝成績很好，他很喜歡聽美軍電臺[40]的西洋歌曲，一邊聽一邊看書，當時又沒有耳機，搞得整個房間都是西洋音樂，那場景也讓人滿懷念的。

宿舍有宵禁，十二點大燈就全部關掉，書桌檯燈還是可以用。那時候很流行看少棒

39 三五牌（State Express 555）為英商英美菸草商務股份有限公司（British American Tobacco, BAT）旗下菸品品牌之一。（資料來源：BAT官網）

賽，少棒隊是臺灣的光榮，大家常常挑燈夜戰、擠在宿舍大廳看電視轉播比賽，學校也就視若無睹。白宮出來的幾家麵店有電視，有時候大家也是邊吃麵邊看少棒。

看少棒賽常常要日夜顛倒，偶爾看比賽到凌晨菸癮來了，宵禁後大門關了又沒地方買菸，我們就會去把每個房間的菸屁股蒐集起來，把濾嘴拔掉、裡面的菸絲湊一湊，然後用紙搓成菸捲來抽，這事情我們都幹過。

當年的交大有個好處，一屆才一百四十幾人，像我們是跟控制系一起上課，電物系是跟電工系合起來上課，人少就常常「和」在一起，大家都很熟悉。

◆隱姓埋名跳舞去

進了交大，我還開始學跳舞。大一的時候，學長們是在白宮餐廳辦舞會，椅子拉開就有現成的場地，不會跳舞的人就偷偷看偷偷學。雖然學校當時不准開舞會，但畢竟是在學校裡面，規模也不大，學校也就睜一隻眼閉一隻眼。

後來我也辦過好幾次舞會，或者當舞會主持人，通常聖誕節之類的節日一定會辦舞會，有時會跟家裡客廳比較大的老師借場地辦舞會。如果在學期中辦舞會，我們會邀請在新竹工作的女孩子，比如會計或者護士當舞伴。暑、寒假就好玩多了，到臺北、臺中和外地讀書的大學女生都回來了，舞會陣容就比較堅強。

當年全校五百多人才十九個女生，通常女生很快就會被追走，有些人還為了追女朋友而打架。我自己是不會在舞會裡主動追求女孩子，一方面家裡窮有自卑感，二方面是我根本沒有時間，禮拜六又要回家去幫忙。不過交大學生普遍缺乏認識異性的機會，辦舞會倒是促成很多對情侶，像劉英達[41]和他太太，我記得就是在舞會認識後結婚的。

當年舞會中最紅的流行音樂，我記得大概有*Cotton Fields*（棉花田）、*Take Me Home, Country Roads*（鄉間小路帶我回家）、*The River of No Return*（大江東去）、*Yellow River*（黃河）、*Knock Three Times*（敲三下）這些，歌手的話就是Bee Gees（比吉斯）、The Beatles（披頭四）、Tom Jones，舞會音樂還是以西洋音樂為主。跳的舞最早有Twist（扭扭舞）、Jitterbug（吉魯巴）、Waltz（華爾滋）還有Cha Cha（恰恰），像探戈這種需要

40 為服務駐臺美軍需求，一九五七年美軍電臺（Armed Forces Network in Taiwan）成立，一九七九年臺美斷交後，所有電臺設備以一美元價格出售給臺灣政府，改名為「臺北國際社區廣播電臺」（International Community Radio Taipei, ICRT）。

41 劉英達，交大85學年度傑出校友，畢業於電子工程系59級、電子研究所61級，一九七四年參與經濟部「IC專案計畫」協助設立IC示範工廠，曾任聯華電子公司第一事業群總經理、聯瞻科技董事長等多家公司董事。

男女雙方默契配合的舞蹈還很少，畢竟民風保守。燈光調暗、放慢歌時跳的三貼舞，就是男女朋友的親密時光。

除了自己辦舞會，新竹空軍基地還有專門給飛官跳舞、蔣經國特批成立的「竹風俱樂部」，地點在武陵路空軍醫院附近，[42]我和同學也偷偷溜進去跳舞過。裡面的人問我們是不是學生？我們每次都說是清華大學的學生。

在白宮跳舞，人好歹在學校裡，教官還可以放水，跑到外面場地跳舞一定過不了關，所以我們都要「隱姓埋名」，學校也沒有發現過。會去竹風俱樂部跳舞的學生不多，我先被同學帶過一次，以後就自己去了，但也不是很頻繁，畢竟交大課業還是很重的。

那時期學生還流行打撞球和交筆友。撞球我沒有打，也只交過一個筆友，純寫信而已，很清淡。我班上有個同學李明星，有一次筆友要來新竹找他，他又不敢出去，只好叫我冒名頂替他去新竹火車站見網友。結果那位女孩子很漂亮，我只好冒充李明星和她吃個飯、看電影，後續他們兩個人怎麼樣發展，我就不曉得了。

◆交大也有體育系

我們班上有個很特殊的現象，就是熱愛運動的人特別多，還被叫作「交大體育系」。我那屆電信系聯考錄取四十人，後來很多人轉系，當時電工系最熱門，像林坤禧[43]就是電信轉電工，也有人轉到電物系。最後畢業時只剩二十九人，因為畢業學士服是我去領的，我的印象特別清楚。但是系上很多人喜歡運動，像蔡宗哲[44]是網球國手，沈灝也打網球，網球校隊好像全部在我班上。棒球校隊也是，我記得黃少華[45]是捕手，蔡宗哲是

42 空軍跳舞文化盛行，新竹空軍俱樂部（「竹風俱樂部」，後改建為空軍八一三醫院，今國軍桃園總醫院新竹分院）仍保有此傳統。新竹空軍俱樂部日治時期為日本駐軍大型宴會、舞會與重要慶典活動場所，政府遷臺後也是軍眷欣賞文康戲劇表演場所。（資料來源：王俊秀，《黑蝙蝠之鏈》，聯經，2011。《空軍的故事第五十四篇竹風俱樂部》，東臺灣新聞網，2020.11.22）

43 林坤禧，交大電子工程系60級、交大管理碩士，美國肯塔基大學企管博士，88學年度交大傑出校友，重要經歷包括台積電資深副總經理，以及倍利科技、宏觀微電子、新日光能源科技董事長。

44 蔡宗哲，交大電信工程系60級，熱愛棒球、足球、桌球、網球等球類運動，曾當選網球國手，梅竹賽十一項比賽中曾參加五項皆勝。重要經歷包括聯合科技副董事長、臺灣聯測副董事長，二〇一九年因中風逝世。（資料來源：洪友芳，〈聯合科技蔡宗哲副董推廣網球辦全國網賽〉，《自由時報》，2007.12.11）

上｜於博愛校區參加足球賽。
下｜參加足球賽合影
（前排右四）。

投手，我是踢足球，所以我們才被叫作「體育系」。

畢業這麼多年以來，我和黃少華、蔡宗哲、蔡長泉四個人還維持一起打高爾夫球的習慣，誰打球輸了，就要繳一筆錢當班費，作為同學會基金；其中蔡長泉打得最好，我繳的錢最多。我們還有減肥比賽，而且罰金不少，主要是希望蔡宗哲減肥，因為他沒辦法抵擋美食的誘惑，每次比賽都輸，繳了十幾萬當班費。有些同學會聚在一起打麻將，輸贏的錢也都歸班費，我們班真的很好玩。

交大電機系五十週年紀念書中，譚永杭提到「邱羅火取名譚肥劉胖全班排名第一」，[46]我才想來起有這件事：譚肥是譚永杭，現在他很瘦了，劉胖是劉啟淦。其實我才是班上最胖的人，我同學都叫我Bluto，就是卡通影片「大力水手」[47]裡面，那個留鬍子的壞人。

45 黃少華，交大電信工程系60級，85學年度交大傑出校友，與施振榮先生共同創辦宏碁公司，二〇一四至二〇一七年擔任宏碁董事長。

46《交大電機五十：逐風半世紀》，國立交通大學出版社，頁172，2014。

47 經典動畫《大力水手》（*Popeye the Sailor*），一九二九年以連環漫畫形式登場，後改編為卡通，主要角色包括男主角卜派（Popeye，吃下波菜就力大無窮）、女朋友奧莉薇（Olive）、反派布魯托（Bluto）。（資料來源：〈一起吃菠菜！《大力水手》八十九歲啦　等了十年要推新動畫〉，ETtoday新聞雲）

上｜畢業紀念冊登載之大學畢旅合影（箭頭處）。
下｜大學畢旅合影（前排右一）。

上｜大學畢旅於太魯閣留影（左二）。
左下｜畢業紀念冊登載之系主任溫鼎勳教授個人照。
右下｜大學畢業學士照。

我們班上只有一個女生葛興玲，她身高有一百七十二公分，我們去新竹工校工廠實習，她都走在最後面，高中生還以為她是班長。可惜畢業以後她都沒跟大家再聯絡，最近才聽說她已經去世了。現在班上二十九人已經走了五個，蔡宗哲中風過世之後，我們高爾夫球也沒打了。前陣子同學會還來了十個，現在有滿多人在國外。

◆當兵拿筆不拿槍

畢業後服兵役，成功嶺三個月新兵訓練結束後，我就被軍官帶去搭慢車到鳳山，在中正預校[48]當數學教官[49]直到退伍。在預校同期當教官的還有交大同班同學郜中和，臺大物理系畢業的黃崇仁[50]和我同寢室。我看到臺大、輔大畢業的教官，拿起吉他就能自彈自唱，還能談亞里斯多德、談憲法，比起都是理工科系的交大，接觸領域更加更多元。這也是我後來擔任交大校友會理事長時，想要強化藝文活動的原因。

預校有很大一部分是原住民學生，他們的體力、耐力特別好。我在學校已經是足球隊了，體力也算很好，跟這些十幾歲的高中生一起踢足球、打橄欖球，卻根本跑不過他們，差得很遠。

坦白講，當兵我也沒吃過什麼苦，成功嶺新訓就算最苦的階段了，但當兵也是我的一生之中，比較有戰爭壓力和恐懼的時期。

八二三砲戰（一九五八）的時候我在唸國小，在鄉下也不太知道消息，大學時期又都在教室、圖書館、宿舍間度過，比較少接觸外界資訊。當兵的時候才知道恐怖，不只天天備戰，那時還有「單打雙不打」，也怕四人幫[51]一亂起來，為了移轉焦點就攻打臺灣。雖然在預校教書，莒光日或者每個禮拜一校長都會講國際情勢，這種心理壓力還是存在的，只是我們比較幸運不用拿槍拿砲。

早上教完三小時課，下午休息時間我就會去教官宿舍旁的球場打網球。有一次撿球

48 全名「中正國防幹部預備學校」，為蔣經國先生一九七五年行政院長任內指示，合併陸軍預備學校、海軍官校預備班、空軍幼年學校並增訓政戰預備生，一九七六年五月十六日正式成立，現行招收國中、高中部學生。（資料來源：中正預校官網）

49 預備軍官制度（簡稱預官）始於一九五二年，為臺灣兵役制度一環。一九六九年以前，大專學生畢業後不用經過甄選就可擔任預官，後改施行考選制度，分科教育期滿後以少尉階分發軍事單位任職。（資料來源：國家教育研究院《雙語詞彙　學術名詞暨辭書資訊網》）

50 黃崇仁，臺大物理系1971級，為力晶科技創辦人，曾任臺北市電腦商業同業公會理事長，時任力晶積成電子製造股份有限公司（力積電）董事長。

51 文化大革命時期政治團體，由王洪文、張春橋、江青、姚文元四人所結成。

上｜大學全班合照（前排左六）。
下｜大學全班合照（前排右二）。

上｜大學畢業與母親合影。
下｜大學畢業後，外婆與母親於校外租屋處用餐合影。

的時候突然有人叫我，對方整臉都塗著迷彩妝，原來是我大學同班同學董亨利，他是預官排長，正在參加兩軍對抗演習。董亨利說我命好還能打網球，他們都要行軍，累到搭著前一個人的肩膀邊走邊睡，像機械人一樣，真的是很難想像。

■袁慧銘
■失去？抑獲得

■胡志群
■對交大一來時容易，去時難。
對自己一仍需充實。
對將來一想得頗多，但願都能實現。

■黃浩明
■四年所見所聞，深覺我們是一羣在「溫室」中培養出來的幼苗。不知道如何強健自己、堅定自己，只知道「伸手」向人要東西；只能聽好的，用好的，被捧得上青天，却不知道（或是不願意）睜開雙眼看看四周。望在校同學及早警覺！

■江力生
■四年一夢　夢醒也是畢業時
■不高不矮、不瘦不胖帶副眼鏡身懷絕招涉奪命無不良嗜好、未婚

■林行憲
■無言的苦行僧。
如是我言、

■溫凱銘
■本校有名的電匠，對各種的無線電技術可說是「一極棒」。今年寒假剛訂婚，羨煞了這些單身漢。諸位，你們誰能搶先結婚，我們不是有「冠軍」獎牌嗎？加油，莫讓溫怪捷足先登。

■葉沐陽

■沈維敏
■再見了！不令人喜愛的風城。更了解了高級人。

■吳惠豐
■(1)把握時間。
(2)Where are we going??
■60年6月12日的數字：高176 cm，重68kg，年齡21年6月零10天。
■展望：
(1)Degree。(2)周遊列國。(3)0與1之間。(4)Love。(5)Vitamin M。
■祝福諸君有好的機會，光明的前途。
■給文苑：我們要走了，請多保重！God bless all of you.

■邱羅火
■麻木不仁。
著一點結實的肌肉，頂著一個喜歡胡思亂想的大腦

64

畢業紀念冊留言：

「麻木不仁。著一點結實的肌肉，頂著一個喜歡胡思亂想的大腦。」

五十七年度大專學生集訓班二團三營

成功嶺大專集訓合照（前排右五）。

第二章 蓄勢

五大湖區那裡整個冰天雪地，
北方的風吹下來，冷得一塌糊塗。
我沒有錢買雪衣，穿的只是臺灣帶去的普通大衣，
就這樣度過一個冬天，老美問我冷不冷，我還硬說不冷。
後來我用省下來的錢買了毛大衣及皮大衣託同事帶回臺灣給太太，
自己在那邊煎熬，而送給太太的衣服，在臺灣根本用不上。

上｜與新興電子同仁合影，中為總務科長，右為交大同學余信，攝於 1973 年 8 月。
下｜與環宇同仁於宿舍前合影。

初出茅廬

一九七三年退伍之後，我進入新興電子擔任PCB工程師，做了一個月以後，我發現他們黨營事業的派系鬥爭很嚴重，[1]我就決定離職。公司還請副廠長送了五千元薪水袋到我家，希望我回去上班，但是我沒有回去。

後來邱再興[2]學長離開高電，在竹北設立環宇電子公司，[3]一九七三年九月我就到

1「新興電子」為國民黨黨營事業，因長年虧損於一九八九年進行重組，由股東聯電、宏碁等公司接手經營，後改名「欣興電子」。（資料來源：林美雲，〈PCB產業中的一匹黑馬：欣興電子公司〉，《電子與材料》，第七期，2000.08）
欣興電子成立於一九九〇年，最初以承租新興電子土地、廠房設備投入生產，一九九五年與新興電子合併。（資料來源：欣興電子99年報）

2 邱再興，交大電子研究所55級，84學年度交大傑出校友，102學年度交大名譽博士。歷任高雄電子工程師、經理，以及環宇電子副總經理、光達電子董事長，現任繼業企業、邱再興文教基金會、鳳甲美術館董事長。

環宇去當副工程師。雖然起薪從五千元降到四千元，但幾個月後就調為七千五，後來又調高到九千元。當我拿第一個月四千元薪水給我爸爸時，他手都在發抖，因為他從來沒有看過這麼多錢；那時候四千元應該等於現在的三萬元。[4]

◆兩份工作一份薪水

進環宇後我住在工廠宿舍，週末才回家，以前禮拜六要上班半天，還沒有週休二日。那時候覺得晚上在宿舍閒著也是閒著，所以我白天擔任工程部門工程師，晚上自願做品管部門的 QC Engineer，工作時間很長但只領一份薪水。

邱再興學長也覺得很奇怪，為什麼我要這樣做？我覺得這樣可以多學啊，如果工程、品管、生產全都學一輪的話，很多總經理的基本知識就有了，對自己比較好。

這些事情邱再興學長都看在眼裡，他對我的印象很好。二十幾年後我創業，有很多年紀和邱學長差不多的大老闆，想知道邱學長對我的評價；因為學長說我是很認真的人，有人因為學長的一句話，就投資我一點六億元，所以我創業很順利。一九九五年我創業第一年，就募集到差不多二十四億元，原來口碑真的會相傳。

環宇電子的老闆是紡織業者，邀請邱再興學長在竹北設 IC Assembling 工廠，當紡織生意開始走下坡，老闆就把環宇電子這隻金雞母賣給美商ＩＴＴ，[5]我也升為主任工程師，剛好有機會看看臺灣人和美國人經營方式的差異。

臺灣公司裡面每個人都是好好先生，不會有人罵你，外國公司每天早上七點就要英文早餐會報，每天平均要讀兩百多頁英文資料，我的英文就是在那時練起來的。而且外商凡事都要按照ＳＯＰ，文件管理也很齊全，非常制度化。

3 一九六六年，配合出口導向的臺灣經濟發展策略，全球第一個加工出口區在高雄成立。同年，由美國矽谷半導體產業始祖快捷（Fairchild）所衍生的ＧＭＥ（General Micro Electronics）公司，申請進入加工出口區，即為高雄電子（高電），從事計算機、電子琴晶片裝配測試，是臺灣第一家半導體相關工廠。邱再興在高電服務三年後，被施敏找回新竹，在彰化紡織大亨資助下成立環宇電子，從ＩＣ晶圓測試、切割、封裝測試再往電晶體製造發展。宏碁創辦人施振榮的第一份工作，就是在環宇負責記憶體專案，與後續德碁半導體的成立相互呼應。（資料來源：張如心，《矽說台灣》，潘文淵文教基金會，頁72-74，2006）

4 邱再興在一九六六年交大電子所畢業後，即進入高電任職，並外派至美國受訓實習，起薪兩百美元（當時約合新台幣八千元）。他回憶當時老師薪水不超過六百元。二十七歲邱再興升任經理，薪水一萬兩千元，當時高電作業員月薪四百元。（資料來源：邱再興，《捨得，電子業先驅邱再興的事業與志業》，圓神出版，頁81-86，2015）

5 一九七三年底，邱再興以相當於八倍淨值的兩百萬美元，將環宇賣給美國客戶ＩＴＴ公司。（資料來源：張如心，《矽說台灣》，潘文淵文教基金會，頁75，2006）

◆一眼遺憾

在環宇電子上班時，鄰居想介紹他的小姨子給我認識，見面那天鄰居把我太太從芎林載到竹北火車站，相互介紹後鄰居就跑了。我們兩個只好呆呆地去吃餃子，然後去新竹莫名其妙看了場卡通電影，連演什麼內容都不知道，但也就順利開始交往。

環宇電子賣給ITT之後，有一天鄰居突然到公司找我說：「阿火啊，我的岳父講，你跟我小姨子都約會到九點、十點才回家，在我們鄉下不能看，講出去會給人家笑！我岳父說，你們先訂婚，訂婚以後不回來都沒關係，就算嫁了人了。」鄉下很保守，九點、十點就算晚了，我們客家人習俗就是這樣，訂了婚就是你家的人，我跟我太太才會在一九七四年先訂婚。

我太太家是農家，我家也是農家，都不是有錢人家。竹北有一個專門閹雞的師傅，他到芎林工作時問我岳母：「妳真捨得把女兒嫁給他？他家男孩子是很爭氣，讀交大，但是家裡很窮還住在茅寮！」我岳母說：「窮沒有關係，男孩子只要認真，爭氣的話，房子將來可以重新蓋過。」幸好我岳母還滿看得開，我們才能繼續交往。

訂婚後沒多久，有一天我爸爸工作回來嚎啕大哭，我問他在哭什麼？他說：「那些

上｜訂婚照，攝於邱羅火夫人娘家前。
下｜訂婚時與父母合照。

人都在笑我們家住茅寮，還要學人家娶媳婦，連新房都沒有！」後來我媽媽就跟隔壁鄰居商量，又賣了一點六分土地給我阿姨，蓋了一間二十坪左右的磚瓦屋當新房。那間房子只有客廳有鋪水泥和粉刷，臥室、廚房則沒有，這都是因為沒錢的關係。

新房子要上橫梁的時候，有一天我在騎摩托車上班途中，看到我爸爸迎面騎腳踏車過來，我沒有停下車來，只有轉頭看一眼，我發現我爸爸是有停下來看我的。那天上班時表哥突然到公司找我，通知我爸爸心肌梗塞過世的消息，我才回家幫我爸爸換衣服辦喪事。現在想起來我還覺得很心痛，那個時候應該停下來、騎回去跟我爸爸講些話，結果就這樣錯過了。爸爸過世後，我經常騎車到他的墓前，想著想著總是忍不住掉眼淚。

我和我太太認識不到半年就訂婚，訂完婚之後因為我腎結石開刀，才沒有馬上結婚。雖然只是未婚妻，我太太還是要像媳婦一樣披麻戴孝跪拜，我們也趕在百日之內結婚。客家風俗就是這樣，否則要等三年後才能結婚。

當年交大男生很搶手，因為學校女生太少了，外面社會花花綠綠、那麼多漂亮女生，差不多三到五個月就被女孩子「逮」走。我是一九七三年退伍、一九七四年訂婚、一九七五年結婚，在我們班上只能算中等速度。我們班上有個「傳宗接代牌」，誰結婚就傳到誰手上，我記得黃少華是最晚拿到的人。

◆不離不棄

我高中的時候是合唱團低音部團員，也參加很多體育活動；進交大後除了足球，我還參加過登山隊、摔角隊，更常常辦舞會，算是滿活躍的人。不過呢，我太太是很標準的家庭主婦，沒有什麼特殊嗜好和休閒，我常笑她「前輩子應該是傭人出身」！

既然娶了什麼樣的太太，就要做好心理準備過什麼樣的生活，所以結婚後我也不跳舞了，偶爾才在家唱唱卡拉OK。我太太不是個性外向的人，而且性格相當保守，婚後家裡買了一臺映像管電視，只要電視上出現女性穿三點式的畫面，她就會馬上轉到別台。

我和我太太都在農村長大，她在我家還很窮的時候願意嫁給我，我一直都銘記在心。有一次她看我拚事業這麼辛苦，就對我說：「我們鄉下人，一碗白飯一塊豆腐乳，就可以飽食一頓，現在錢已經夠用了，幹麼還這麼苦？」我知道她是好意，才會在好多年前就希望我早點退休。

我也了解她的個性非常正直，不會占人家便宜，更不會害人，所以她很在意我的朋友圈裡，有哪些人發生外遇這類傷害家庭的事。為了讓她安心，我的所有行程都會讓她知道，絕對不會像有些人，發達了就把元配踢掉，這事我做不來。家裡的經濟大權和所

1975年婚禮留影。

有資金進出，我也都交由她和公司會計主任掌理。

我的會計主任很正派，有一次載我外出的公務車超速，我的秘書拿著罰單來報銷，會計主任卻說：「老闆應該早五分鐘出門，司機就不用為了趕時間而超速了，這錢要老闆自己出！」我認為這樣態度很好，企業裡才不會公私不分，搞出一堆亂七八糟的事情。

也因為我堅持不貪污，我的會計主任人很正派，我們才能相互信任，合作快三十年。

我家分工很清楚，公司的事情我太太盡量不插手，就算每天回家兩個人一起吃飯、聊天、看電視，也盡量不談工作的事。家裡的事由她全權做主，我不發表太多意見，我也不用買菜或其他東西，因為常常買錯東西被她唸；其實這樣對我來說也滿好的。

這幾年我們的健康狀況和體力雖然都下降很多，偶爾還是會和幾對朋友夫婦一起出遊，生活倒也沒有什麼煩惱。

結婚迎娶需跨越邱羅火夫人家前小溪河道。

◆工號18

工研院是經濟部的聯合工業研究所、聯合礦業研究所和金屬工業研究所，一九七三年立法院核准析產分立（Spin off）的財團法人。經濟部長孫運璿提案的時候，很多老立委還拍桌子，認為把公家機構Spin off變成財團法人，是「莫名其妙、化公為私」！[6]

一九七四年工研院成立電子工業研究中心（電子中心）[7]，一九七九年改制為電子工業研究所（電子所），後來包括資訊與通訊研究所、光電工業研究所、國家標準實驗室、臺灣電子檢驗中心，以及聯華電子、台灣積體電路都是從電子所Spin off成立。

一九七五年有一天我看到報紙，工研院在聯合報和中國時報用英文刊登啟事，要招聘一批人才到美國學ＩＣ技術，我就偷偷跑去報名，也沒跟太太講。我記得是十二月十號面試，主考官就是潘文淵[8]、胡定華[9]他們，一進門從頭到尾都用英文。我也沒想到十五號就收到錄取通知，叫我十八號報到，要在臺灣先受訓一段日子。我錄取的單位就是電子中心，我的工號是18號，算很早期的員工。

報到那天才發現，只有我一個人報到，其他人全部請假，一月一號以後才報到，因為差十二天，可能就少了兩個月年終獎金。在外商公司做事，你只要做滿到十二月三十一日，就算你離職也可以拿年終獎金，臺灣人的公司就不一定。那時候我薪水是九千元，大家都說：「老邱你笨啊，應該跟他們一樣！」但是我不知道可以緩報到，這是我滿糗的一件事，到現在還被人拿出來笑。

不過當時的年輕人，做事都是為了國家，很少想到錢的問題。我進環宇是替邱再興學長做事，面試時也沒有談錢，拿到聘書才知道薪水。進工研院也沒有談薪水，只有錄

6 民國六十一年（一九七二）初，工研院設置條例送進立法院，反對的委員認為以政府資金設置，卻不受政府機關管轄，有「化公為私」之嫌，此例一開將「後患無窮」。一位立委揚言：「我抬棺材到立法院來，也不讓這個案子通過。」（資料來源：楊艾俐，《孫運璿傳》，天下雜誌，頁127，1989）

7 一九七四年九月一日，電子工業研究中心（簡稱電子中心）成立，以加速推動國內電子工業發展，並協助產業進行積體電路技術引進為宗旨，中心主任由康寶煌擔任，特約研究員胡定華兼任副主任。（資料來源：《工研院四十年大事紀》，工業技術研究院，2013）

8 潘文淵，生於一九一二年，上海交通大學電機系畢業，公費赴史丹佛大學留學，獲工程學士及博士學位，一九九三年交大頒贈名譽博士學位。一九九五年一月三日病逝美國，享壽八十三歲。（資料來源：財團法人潘文淵文教基金會）

9 胡定華，臺大電機系碩士、交大電子研究所碩士、史丹佛大學管理科學碩士、密蘇里大學電機博士，並獲選81學年度交大傑出校友、88學年度交大名譽博士。歷任交大電子工程教授、工研院電子所所長、工研院副所長、漢鼎創投總經理，以及建邦創投、全智科技、旺宏、合勤董事長。二〇一九年因心肌梗塞辭世，享壽七十七歲。

上｜RCA受訓期間，與黃顯雄於前往佛羅里達迪士尼樂園之渡輪合影，攝於1976年8月。

下｜RCA受訓期間，與美國友人舉辦變裝派對（前排右一）。

取通知書上面寫一萬〇八百元。當時ＩＴＴ新總經理想留我當工程部經理，開的月薪是兩萬七千元，真的差很多。一九七五年月薪兩萬七千元乘以十四個月，以當時的物價計算，一年就可以買一間房子。

但是我覺得替外商做事，只是單純付出勞力卻看不到前途。後來ＩＴＴ也被買走了，要知道任何公司被併購，高層人事一定大變動，所以在外商做事也同樣戰戰兢兢。相較起來工研院很穩當，薪水也還算不錯。

◆「放逐」美國取經

第一批參與ＩＣ計畫的人，很多都是交大校友，包括胡定華、曾繁城、黃顯雄、戴寶通、劉英達和我。[10] ＩＣ計畫的總指揮

10 曾繁城，交大電子研究所59級，84學年度交大傑出校友，歷任世界先進總經理、台積電副董事長。黃顯雄畢業於交大電子物理系60級，86學年度交大傑出校友，曾參與聯電建廠及生產管理，接辦勝華電子公司。戴寶通為交大電子研究所碩士。

RCA受訓期間識別證。

是楊丁元[11]（後改名楊秉禾），副總指揮史欽泰[12]，由胡定華負責在臺灣召集人員，胡定華如果短期去美國，就會和潘文淵來慰勞大家，去吃吃牛排或阿拉斯加蟹腳之類。[13]

我是先後到俄亥俄（CMOS團隊）和佛羅里達（記憶體團隊）兩地受訓，一九七六年五至七月先到俄亥俄，八至十二月飛到佛羅里達，接下來又回到俄亥俄。有張照片是我在俄亥俄拍的，五大湖區那裡整個冰天雪地，北方的風吹下來，冷得一塌糊塗。我沒有錢買雪衣，照片中穿的只是臺灣帶去的普通大衣，就這樣度過一個冬天，老美問我冷不冷，我還硬說不冷。雖然臺灣的天氣用不太到，後來我還用省下來的錢買了一套皮大衣、一套羊毛大衣，託會計主任張靜宇[14]帶回臺灣給太太，自己在那邊煎熬。[15]

我飛到佛羅里達西棕櫚灘（West Palm Beach）時是黃顯雄來接機，他來接我的時候還掉眼淚，好像看到親人一樣。我到的時間比較晚，宿舍已經沒有多的空間，我就在佛羅里達宿舍的客廳睡了幾個月。當時佛羅里達的團隊成員間有些摩擦，鬧到史欽泰都從俄亥俄下來調解，有幾張照片就是史欽泰帶著佛羅里達團隊去迪士尼樂園（Walt Disney World）的紀念照。

印象中我們一天的平均生活費用才十八元美元，經過肯德基炸雞都會乖乖從旁邊繞過去，出差的時候買一條吐司、三罐沙丁魚就過一天，這日子我們都度過。記得一九七

11 楊丁元（秉禾），臺大電機系學士、史丹佛大學管理科學碩士、普林斯頓大學電機博士，歷任工研院電子所經理、副所長，以及工研院企劃推廣處處長、華邦電子總經理及副董事長、優網通公司董事長兼總經理。

12 史欽泰，臺大電機學系學士、史丹佛大學管理科學碩士、普林斯頓大學電機博士，曾獲頒92學年度交大名譽博士。歷任工研院院長、清大管理科學院院長、資策會董事長、玉山科技協會理事長。

13 一九七四年十月二十六日，技術顧問委員會（Technical Advisory Committee，簡稱TAC）成立，由旅美專家潘文淵博士為召集人，第一屆TAC委員為臺灣積體電路（IC）工業發展做了幾個重要決定：(1) IC技術必須自國外引進，以爭取時效。(2)技術引進要以公開方式進行。(3)決定發展中的CMOS（互補式金屬氧化半導體）技術。一九七六年三月五日，工研院與美國RCA公司簽訂「積體電路技術移轉授權合約」，技術移轉項目包括電路設計、光罩製作、晶圓製作、包裝測試、應用與生產管理，由胡定華兼任示範工廠專案小組主持人，技術移轉重點為建立示範工廠，並將技術移轉民間發展。

一九七六年四月二十六日，電子中心派員赴美RCA訓練，以楊丁元為總領隊兼紐澤西州地區領隊，小組成員謝錦銘、蔡明介、林緒德、王國肇等人主攻設計；史欽泰為俄亥俄州地區領隊，帶領曾繁城、劉英達、倪其良、曹興誠、陳碧灣、戴寶通、邱羅火等人學習製程；章青駒為加州地區領隊，成員有謝開良、萬學耘等，學習測試技術；許健則帶著林衡、黃顯雄等人，前往佛羅里達州研究設備。第一批訓練人員共十九人赴美，同年十二月，第二批共十七人陸續赴美訓練。一九七七年十月二十九日，電子中心「積體電路示範工廠」落成。（資料來源：《工研院四十年大事紀》，工業技術研究院，2013）

14 張靜宇，歷任工研院稽核處前主任、福邦控股董事、宏達科技監察人等職務。

15 邱羅火曾對媒體形容：「我們一行人就像被放逐一樣，遠到美國去取經。」但是他們都很謝謝工研院給他們的訓練機會，讓他們對半導體和電子產業有更深的認識。（資料來源：李淑分，〈富鑫顧問總經理邱羅火 創投與投資對象是生命共同體〉，《工商時報》，1997.11.25）

上｜RCA受訓期間與曾繁城（左）、史欽泰於佛羅里達迪士尼樂園合影，攝於1976年8月。

下｜RCA受訓期間於俄亥俄留影，攝於1977年1月15日。本照片為受訓期間寄回臺灣給夫人之紀念照，背面圖說：「美國郵筒，每天由此寄信給妳，左邊建築物為宿舍經理辦公室，設有洗衣機烘乾機，我兩星期洗一次衣服。雪把道路都蓋住了。」

六年中秋節晚上，我們在佛羅里達受訓的幾個人買了啤酒，走到河邊躺下來，看著月亮喝著啤酒。幾個大男人也忍不住流下眼淚，心裡想著要到什麼時候，臺灣才能像美國一樣富強。

去那邊受訓真的是很寂寞，尤其有太太、孩子的人，有些人去了RCA後，說打死都不再去受訓。不過有件事情現在想起來還覺得好笑：在美國受訓一方面寂寞，一方面也無聊，幾個會打麻將的人偶爾就湊一桌打著玩。

我爸爸過年會去賭博，我媽媽常常跟他吵架，所以只要跟賭博沾上邊的遊戲，我都盡量避免。可是我不會打麻將但又很好奇，我就會站在旁邊看，邊看

RCA受訓期間，與陳碧灣（前著白衣）、史欽泰（右著白衣）、倪其良（中著西裝），於俄亥俄美國友人家聚餐合影。

還邊問「這個『東』是幹什麼的？」、「為什麼你要打『兩條』？」搞到後來他們就把我趕走，因為「洩漏天機」嘛！就這樣我到現在還是沒學會麻將，頂多玩玩撲克牌。

◆打敗師父

一年後受訓人員陸續回國，就要開始建立示範工廠，那些運送設備、拆箱、組合甚至鎖螺絲的畫面，五、六十年過去了，我都還記憶猶新。工研院跟RCA簽的合約，RCA保證良率40%，我們的良率後來高達近九成，[16]他們（RCA）一下子被我們打垮。RCA的CEO會跟章青駒[17]講說，RCA最不應該做的事情，就是把技術移轉給工研院和臺灣。

起初RCA認為他們是領先地位，我們只是在學，永遠跟不上；沒想到我們一開始就設製程研發部，還有很多與時俱進的產品線，反而超越他們。後來RCA整個被我們打垮退出市場，這個是有點不好意思，把師父打敗了！

胡定華招募我們這批人，採分散式策略：有些人來自工業界，像我從ITT出來，生管、物管、品管、生產線、作業單位、倉儲這些制度我都清楚；有些來自學界，就做

16 一九七七年十月，積體電路示範工廠落成，用七點五微米製程，產品良率在營運第六個月已經高達七成，遠高於技術轉移母廠RCA公司的五成，甚至讓臺灣躍升成為全球第三大電子表輸出國。（資料來源：龔招健，〈波瀾壯闊的臺灣半導體產業〉，《工業技術與資訊月刊》，319期，2018.06）

財經新報「半導體風雲錄」專題報導，示範工廠生產的首批電子表電路CD4007A良率為55.7%，四個月後超過RCA預估的最高良率80%，此後甚至超越美國的平均良率83%，而達到88%，連RCA都自嘆不如。（資料來源：Atkinson，〈三十二年發展登晶圓代工龍頭，台積電改變全球半導體生態〉，《財經新報》，2020.11）

17 章青駒，國立臺灣大學電機系學士、美國史丹福大學商學院碩士、美國普林斯頓大學電機博士，歷任工研院電子研究所所長、建邦創業投資股份有限公司副總經理、華邦電子股份有限公司總經理及副董事長、世界先進董事長。二〇一五年因胰臟癌病逝，享年六十七歲。

積體電路成功引進二十年紀念會，民國八十六年（1997）攝於圓山飯店。

R&D、製程開發、設計電路；有些就從國外招募回來，像楊丁元、史欽泰、章青駒。我覺得胡定華最成功的地方，就是他招收的人才多元化，讓工研院在設廠的時候，大家都知道流程該怎麼做，根本不用從零開始學習。

胡定華還有一個好處，就是他會放手讓你做事。像我當組長或Director，人事、會計、廣告、接觸客戶、利潤中心、研發都要自己負責，等於把組長和Director當成了總經理候選人培養。所以當時我還經常回交大管理學院夜間部，去補修經濟學、財務、會計課程。

我們這批人坦白講都是社會菁英，當然後來有些人回美國了，也有些人沒沒無聞，但第一批受訓人員裡面有三分之一當過創業家，或是上市公司董事長。剛到美國的時候，我感覺美國人不是很看得起我們，最後他們都嚇到，原來這批人的能力都很好。

我最記得孫運璿講過：你們去應付你們的技術，我去應付立法院！他也說國家第一個技術引進計畫「只許成功、不許失敗！」[18]

我們還真的做到了。

◆父子相逢不相識

一九七九年電子所積體電路示範工廠準備移轉成立聯電時，[19]我本來要去聯電工作，如果去的話，劉英達當廠長是第一號員工，我就是副廠長和第二號員工，但後來我沒有去報到。那時候很多人在看笑話，想看聯電會怎麼失敗，我並沒有這樣的想法，沒去聯電的原因，是因為家裡窮需要一份薪水，工研院比較穩定。

出發去ＲＣＡ的那天早上，我還騎摩托車載太太去工研院的土地銀行領薪水，下

18 一九七六年四月二十日，ＩＣ計畫種子成員齊聚經濟部長辦公室，孫運璿親自一一握手，強調整個計畫「只許成功，不許失敗。」（資料來源：李明軒，〈造就半導體泰斗的取經之旅：橫跨四分之一世紀的研發路〉，《天下雜誌》，240期，2001.05）孫運璿也曾對計畫主持人——當年三十三歲的胡定華說過：「你們儘管去做，外面的批評我來頂。」一九七五年，孫運璿親手寫給潘文淵的聖誕卡上寫著：「此一計畫在兄等大力協助下，只有成功，不會失敗！外界阻力雖不免，不必介意。」他把所有的阻力，都用「不必介意」四個字帶過。（資料來源：張如心，《矽說台灣》，潘文淵文教基金會，頁32-33，2006）

19 一九七九年九月二十日，電子所成立聯華電子公司籌備處，由杜俊元擔任籌備處主任，配合電子所積體電路移轉小組進行合作，一九八〇年五月一日聯華電子公司成立。（資料來源：《工研院四十年大事紀》，工業技術研究院，2013）

上｜邱羅火夫人與兒子於家中合照。
下｜邱羅火夫人與兒子於犁頭山茅寮前合照，當時兒子四個月大。
這兩張照片為RCA受訓期間，夫人寄至美國之紀念照。

午才搭飛機出國受訓，當時我家經濟還很拮据，雖然工研院待遇在新竹算很不錯，但是我家為了我結婚蓋房子，除了賣地還有借錢，所以我的薪水還得還債。當時家裡有我媽媽、妹妹、太太和兒子，經濟壓力真的很大。

去美國的時候，我兒子才四個多月大，回國時都已經會走會跑會講話，看到我就躲在媽媽背後問我是誰？我太太說是爸爸，他才敢叫我爸爸。後來我才知道，出國一年時間，我兒子已經在省立新竹醫院住院五、六次，我太太都不敢告訴我。

兒子成長過程也因為哮喘經常住院，我們曾經一年多都住在醫院沒回家，沒病房時就睡醫院走廊上，家裡的棉被都發霉了，治病前後也花了將近當年半棟透天厝的錢。

當時只要能賺錢的工作我都願意接，比如有顧問公司開課要請我當講師，我也會馬上答應。一九七七年開始，我在明新工專[20]也兼任夜間部課程講師，教電子電路、工程數學，有時候還帶實驗。我知道學生白天上班很辛苦，晚上還要上課，所以我是不當人的。

有一次下課後，我穿著便衣騎摩托車要先離開，還被警衛誤認為是學生攔下來。後來警衛知道我是老師，還說我的穿著打扮不像老師！一九八三年帶完最後一班，我就不再兼課。

20 一九六六年成立於新竹縣新豐鄉，二〇〇二年改制為明新科技大學。

◆憑腦力保家衛國

沒有去聯電的另一個原因，是IC計畫後我升為電子所品保組組長，負責管理四、五位經理。

一九七八年底中美建交、臺美斷交，雙方政府沒了邦交關係，很多雷達和軍方武器零件臺灣都買不到了。像雷達磁控管，是透過電磁干擾放射能量，跟燈泡的原理一樣；磁控管也有壽命，只要磁控管一壞，雷達連帶飛機、飛彈、船艦全部都瞎了。所以一九八〇年工研院又開始了雷達磁控管自製計畫。[21]

黃則夫博士是磁控管研發計畫主持人，我負責品保，我們帶了四十幾個人去比佛利（Beverly）學習磁控管技術，那裡是麻省的高科技重鎮。我大約待了四個月，其餘工程師則在美國受訓一年。

本來這個案子應該要中科院[22]做才對，但中科院是軍方機構很敏感，只好由財團法人工研院來進行。因為那邊是軍事機密之地，我們那時候滿可憐的，活動範圍都有畫黃線，限制很嚴格。

一九八三年我還幫工研院承接了軍方一項八千萬元的計畫，其中有一個海軍造船廠標準實驗室Data Acquisit on和Data Analyize儀器的分包案（約一千八百萬），被交大電信剛創業的學弟劉克振[23]標走了。劉克振原本在HP儀器部門工作，後來找了三、四個夥伴一起創立研華，創業後第一個案子就是標到這個工程，剛開始我還不認識他。

十幾年後，有次我們在法鼓山碰面，他倆夫妻特別走到我面前鞠躬道謝，他說當年我分包給他的案子，足足養了研華公司四年，他對我非常感激。當然，研華能有今天的規模，主要是靠著自己十幾年來不斷地演進產品線，我也是很替他高興。

21 一九八〇年三月一日，電子所成立微波技術發展小組，執行磁控管自製計畫，由黃則夫博士擔任計畫主持人。一九八二年五月十三日，電子所研發出國內第一支磁控管，以支援國防產業之微波技術開發，並繼續生產飛彈快艇、海鷗二型追蹤雷達用磁控管兩百支與平面雷達用磁控管三百支，使磁控技術在國內札根。（資料來源：《工研院四十年大事紀》，工業技術研究院，2013）

22 國家中山科學研究院，是由原「國防部軍備局中山科學研究院」於二〇一四年改制之行政法人機構，由國防部監督。主要業務包括國防科技、武器裝備、軍民通用科技研究發展、生產製造和銷售，以及重要國防軍事設施工程等。（資料來源：中科院官網）

23 劉克振，交大電信工程系64級，96學年度交大傑出校友，創辦工業電腦知名企業研華公司，擔任研華董事長暨執行長多年。

上｜赴王安電腦受訓時期，同仁假日出遊，在河邊抓魚留影，攝於1980年4月。
下｜抓魚活動後聚餐照，照片背面圖說：「二度王安電腦公司，宿舍與受訓人員聚餐，所有的菜都是魚（美國鮭魚，用手抓的）。」

◆漢賊不兩立

一九七九年，我跟楊丁元又帶著一批工程師，去美國王安公司[24]跟ＨＰ學電腦技術。電子所電腦發展中心（電腦中心）是楊丁元管的，品保組跟電腦中心是平行的單位，楊丁元是這個計畫真正的負責人，我比較資深、年紀也比工程師大，就由我先帶隊過去。電腦計畫的受訓人員分成兩批，我是帶第一批人出國。[25]

很多人說王安電腦後來會倒掉，是因為「傳子不傳賢」。其實是它的文書處理機賣得太好了，連型錄都來不及印，卡車就在外面等著接貨；因為太好賺了，我們去的時候

24 王安博士為上海交大電機學士、哈佛大學電機碩士及應用物理博士，曾獲頒76學年度交大名譽博士。王安電腦公司成立於波士頓，一九七二年推出「文書處理機」和其他自動化設備，銷售額大幅成長，名列美國工業界成長最快公司之一。（資料來源：盧惠芬，〈王安與他的電腦王國〉，《臺灣光華雜誌》，1982.12）導致王安公司失敗的決策，是王安不願意發展個人電腦。王安熱愛自家文書處理機，使他很難接受個人電腦這項新技術，因為新技術會讓文書處理機落伍，他甚至曾認為「個人電腦是我聽過最愚蠢的東西」。一九八一年，ＩＢＭ推出5150 PC進入個人電腦市場，取得爆炸性成功，王安不得不正視這項殺手級產品。早期王安曾因技術授權協定，感覺被ＩＢＭ欺騙利用，也不願意支持ＩＢＭ的產品平台。王安堅持創造自家個人電腦專屬作業系統，不似其他同業採用與ＩＢＭ相容的作業系統，導致競爭力流失。（資料來源：席尼・芬克斯坦&喬・懷海德&安德魯・坎貝爾，《Think Again：避開錯誤決策的4個陷阱》，時報出版，頁(63-63，2009）

王安員工才幾千人，一年內變成幾萬人。當PC起來的時候，它還是一直擴充文書處理機，沒想到PC取代了文書處理機全部功能，它是這樣子敗掉的，我們曾去那邊受訓才比較清楚實際狀況。

我們去RCA受訓的時候，都是臺灣人，王安是在波士頓95號洲際公路旁邊建立的美國公司，中美建交後，臺灣、大陸的訓練人員都收。在那個「漢賊不兩立」的時代，臺灣還有「三不政策」[26]：不接觸、不談判、不妥協，我們看到中國受訓人員，一開始還覺得有點害怕。

王安的宿舍，比方單號那排是中國人住，雙號這排就是臺灣人住；他們是一間房子兩個房間住四個人，要輪流睡地上，那時候他們很窮，我們就是兩人一間房子，一個房間一個人睡一張床。當時我們才二十八、九歲，他們都已經五、六十歲，幾乎是我爸爸那一代的人，因為他們經歷了二十年文革。

文革讓中國經濟工業發展斷層近三十年，也讓臺灣有爬起來的機會。這批中國受訓人員原本都是留俄，英文基本上都不會講，生活中經常要抱著翻譯字典和書來對照，後來接觸多了，偶爾我們也會帶他們一起去買菜什麼的。

電腦計畫受訓人員是全部先去王安，後來有一小部分人去HP，我就沒有去了。有兩張照片就是我們十幾個人開了兩部車，放假到一條河邊去抓魚時拍的。那魚根本多到不用釣竿，用手就直接可以抓，當天晚上就是鮮魚大餐，那時我還留長頭髮呢！

◆臺灣PC直上青雲

一九八二、八三年左右，臺灣PC產業開始爆發，那時候發展PC很辛苦，因為不知道電磁干擾到底有多大，產品都要送到美國FCC實驗室[27]檢驗。檢驗分成兩部分，第一種是要在開放空間觀察電磁波放射狀況，第二種是在Anechoic Chamber（電磁波吸

25 一九七九年九月十九日，電子所電腦發展中心派遣莊謙信、陳旋旋、林斌、梁修淵、王輔卿、于世元、石毓琦、劉金枝、彭達政等十人第一批赴美國王安公司進行長期專業在職訓練，次年一月第二批派遣張根和、張隆昌、蘇綉芬、盧永全、鄭金河、江炳煌、李祖惠、胡其俊、劉莊正等人赴美國王安公司在職訓練。此二批訓練為電子所一九七六年派員赴RCA接受IC技術移轉相關訓練之後，第二次大型的委託訓練案。（資料來源：《工研院四十年大事紀》，工業技術研究院，2013）

26 中國與美國建交後，先後發表「告臺灣同胞書」、「葉九條」及「和平統一、一國兩制」等一系列主張。一九七九年四月四日蔣經國總統提出「三不政策」，以期化解中國統戰攻勢。（資料來源：中華民國大陸委員會官網）

27 美國聯邦通訊委員會（Federal Communications Commission，簡稱FCC）是依據一九三四年通訊法（Communications Act of 1934）成立之獨立機關，直接對國會負責。FCC主要負責涉及州際或國際廣播電視、無線通信、固定通信、衛星以及有線電視等事項。（資料來源：資策會科技法律研究所官網）

收室）進行，把輻射的電磁波完全吸收。

為了幫助臺灣ＰＣ產品取得電磁干擾國際認證，我又參加了ＦＣＣ實驗室計畫。[28]我們在電子三館完成了電磁波吸收測試，但是放射性檢驗我們找不到地方，就選在電腦中心頂樓，而且只能在凌晨一點半到四點半之間進行測試，因為這一段時間的人車噪音等雜訊干擾最少。

反覆測試後，我們就抱著實驗室設計藍圖、所有的測試結果，到華盛頓特區的ＦＣＣ實驗室報告。最後他們終於認可我們的技術，發了一張證書，以後臺灣電腦產品凡是通過工研院電子所ＦＣＣ實驗室測試，拿到我們蓋章簽字就可以出口，這對臺灣ＰＣ產業的起飛幫助非常大。

這項專案結束後，我還出版兩本書，一本是《電腦產品之品質與可靠性技術》，另一本叫作《儀器校正標準技術》。那時候還不知道電磁干擾可以變成一件生意，現在電磁干擾的公司有好幾家上市，都是我的徒子徒孫。

邱羅火著作《電腦產品之品質與可靠性技術》封面

有一次李艷秋[29]來工研院拜訪，沒多久就通知我到華視錄影，希望我跟一位醫生對談。醫生認為電磁干擾對嬰兒有問題，那我是從工程、科學的理論分析，認為大地之間都有電磁波，只要把電腦的電磁波干擾降到某種程度，對身體就沒有影響。

上了電視以後被我太太罵死了，她說：「你看你這個樣子，頭髮亂七八糟、鬍子也不剃，還敢上電視！」因為我那時候只忙著工作，真的是不修邊幅，後來我學乖了，會在辦公室裡面準備一套西裝和領帶，萬一記者來訪問就穿上去，現在想起來也很有意思。

28 一九八三年十二月九日，電子所建立完成電磁干擾測試能力，並獲美國FCC認可，是國內第一家符合FCC Part 15電磁干擾測試驗證能力之機構，開始提供國內資訊業者測試服務，協助國內產品銷售國際市場之品質認證。（資料來源：《工研院四十年大事紀》，工業技術研究院，2013）

29 早年任職於華視新聞部，為華視當家主播之一，曾獲多屆金鐘獎新聞相關獎項。

終須一別

臺灣的國家標準實驗室（National Measurement Laboratory，簡稱NML）歷經四任經濟部長都沒有做成功，因為我參加過那麼多國家計畫，很熟悉計畫管理，就臨危受命被徵召。

一九八五年一月十九日我由電子所品保組組長調任「度量衡儀器檢校中心」主任，同年八月一日，「度量衡儀器檢校中心」改名「量測技術發展中心」（簡稱量測中心），我繼續擔任中心主任，是當時工研院最年輕的一級主管。這段期間我就是忙著寫計畫書、全省演講，還要籌備建立國家標準實驗室。[30]

◆吃苦當吃補

國家標準實驗室，在美國稱為「National Bureau of Standards」（簡稱NBS），現

在改名「國家標準與技術研究院」(National Institute of Standards and Technology),韓國叫「國家標準與科學研究院」(Korea Research Institute of Standards and Science),日本叫「計量研究院」(National Metrology Institute of Japan),英國叫「物理研究院」(National Physical Laboratory),中國叫「計量科學研究院」。[31]雖然我的職稱是主任,其實已經是所長等級。

臺美斷交後,臺灣沒辦法跟美國NBS直接技術合作,我們先後找過波音(Boeing)、洛克威爾(Rockwell International)、雷神(Raytheon)這些軍事產品公司,最後透過製造愛國者飛彈的雷神公司,間接跟美國技術合作,一九八五年我就帶著一批工程師到美國受訓。

30 量測中心起源於一九七六年第一次全國公民營工業配合發展擴大會報中,決議促成經濟部中央標準局建立全國最高精密校驗室之長程計畫,以建立更精準的產業品質控管能力。一九八二年九月一日,經濟部委託工研院成立「檢校專案籌備小組」。一九八三年七月一日,工研院設置「度量衡儀器檢校中心」,執行「度量衡儀器檢校專案計畫」。一九八四年五月二十日,經濟部正式核准執行「度量衡儀器檢校專案計畫」,並委託工研院辦理。一九八七年五月五日,量測中心完成標準實驗室,正式開放對全國服務。二〇〇一年五月十日,標準實驗室正名為「國家度量衡標準實驗室」。本項計畫經歷孫運璿、張光世、趙耀東、徐立德等四任經濟部長,最後在李達海任內完成。(資料來源:《工研院四十年大事紀》,工業技術研究院,2013)

31 請參閱國家度量衡標準實驗室官網。

上｜代表（左二）國家標準實驗室赴南非與友好國家進行雙邊認證，中間為時任中央標準局長吳惠然。

下｜赴英考察英國物理研究院期間全家合影，攝於1986年。

上｜1987年5月5日國家標準實驗室開幕，邱羅火（右二）為行政院政務委員李國鼎（中）、時任經濟部長李達海（右三）、工研院院長張忠謀（李國鼎後方）等人進行簡報。

下｜國家標準實驗室開幕留影。

我是計畫主持人，著重了解標準實驗室的方向、策略、組織架構這些部分，我一個人在馬里蘭州的NBS待了三個月，拜訪每一個部門。其他二、三十位工程師們，就到德州艾爾帕索（El Paso）雷神公司標準實驗室學習，我也會去慰勞他們，去看看秀、喝喝啤酒。

回國以後，我們就在今天工研院光復院區16館的位置開始建實驗室。我們先在地上挖一個大洞、鋪上水泥，又把一個厚橡皮氣筏鋪在水泥上面，氣筏充氣後上面再鋪水泥，最後才開始蓋實驗室建築。當地震或者車輛通過的時候，橡皮氣筏就是減震的第一道緩衝；放置實驗儀器的桌腳也有緩衝器，所以共有兩道緩衝。建實驗室的過程真的是吃盡苦頭，非常辛苦。

現在交大對面的國家標準實驗室主要檢測流量，那是我跟中油談出來的，因為中油的流量表需要校正，才不會被偷油；那塊土地是中油捐的，費用也是中油捐贈。

在大家的努力經營之下，兩年就讓標準實驗室開始營運。這部分媒體很少討論，是因為大家都在討論IC和電腦，很少人注意到國家標準。國家標準建立以後，國家要推動雙邊貿易會比較順暢，臺灣才陸續跟南非、韓國、日本、英國、德國建立雙邊承認制度。只要臺灣測過的東西到這些國家就不用再測，這些國家的東西到臺灣也不用再測，這樣貿易上可以省掉很多麻煩的事情，對國家外銷助益很大。

◆斯巴達式管理

一九八〇年我有次急性胃出血，在省立新竹醫院住了三個星期，那時候我是電子所品保組組長，正在執行磁控管自製計畫。胃出血是因為我的個性很急，做事要求快速有效率，給自己太大的壓力。當了量測中心主任以後，很多同事都說在我底下做事，真的是「斯巴達式」的訓練，非常嚴苛。

聽說他們每次要來找我之前都會先問秘書，今天邱主任心情是「晴朗」還是「陰天」？秘書再提示他們是不是要晚點來之類的。有些部屬據說每次到我辦公室都會發抖，他們說我不笑的時候表情很嚴肅。

我自己做事動作很快，以前沒有電子郵件，想到什麼事情就用便條紙寫下來，秘書就會送到每位經理或主管桌上。他們說有時候一天會收到一疊我交代的事情，我自己倒是沒什麼感覺。

我還有一個習慣：「今日事今日畢」，今天的事情就今天做完，絕不拖到明天。我當量測中心主任時，比方在臺北應酬到九點，司機送我回新竹，是直接送回辦公室，我會把所有的公文資料都看完和批完，塞到每位部門經理辦公室門縫後才走。到現在，每天睡覺前我絕對要把電郵或Line看完才上床，從二十幾歲到七十多歲都是這樣。

我會這麼嚴以律己，是因為工研院有一個現象，就是跟我同期的曾繁城、章青駒、蔡明介[32]這批人素質都很好，真的是臥虎藏龍，同儕競爭（Peer Competition）很厲害。電子所在設立積體電路示範工廠的時候，我是品管部經理，曾繁城是製程經理（Process Manager），章青駒是測試經理（Testing Manager），葛明輝[33]是產品經理（Production Manager）。

當時每一個製程都要建立SOP，每個禮拜都要把各部門訂的SOP公告在公布欄，搞得大家像在比賽一樣。我常常拿第一名，表現並不比別人差，不會因為只有大學學歷而自卑，但是我的壓力很大。

當了主任以後，有主管加給、房屋津貼、配車、配司機，家中經濟環境就比較好了。可是建立標準實驗室真的很辛苦，我每天早上七點就到辦公室，中餐跟晚餐都在餐廳吃，晚上九、十點才回到家。禮拜六、日我也會進辦公室批公文看資料，太太就帶著小孩子在秘書辦公桌或會議室裡面寫作業。太太常說我就是這樣才失去了跟小孩子共同成長的機會，所以我跟兒子女兒的親情就很淡。

◆簡報先呑鎮定劑

我調任量測中心主任那年（一九八五），張忠謀先生回國擔任工研院院長。現在大家看他是好好先生，寫一些張忠謀語錄，當年是完全不一樣。

他為工研院帶來最大的改變，就是他認為政府給工研院一塊錢研究經費，工研

32 蔡明介，聯發科創辦人，臺大電機學士、辛辛那提電機碩士，95學年度交大名譽博士。歷任工研院電子所研發經理，以及聯電研發部門主管、第二事業群總經理，現任聯發科董事長。

33 葛明輝，畢業於交大電信工程系60級，歷任旭麗電子Key Board、MFP事業部總經理、旭麗電子大中國區總經理、金居開發銅箔公司總經理。（資料來源：金居開發銅箔公司年報）

攝於量測中心主任辦公室。

院就要從工業界賺取一塊錢的技術服務費，代表研究成果和技術，人家是感激的、可用的，而不是寫篇研究報告後就收在書櫃裡。

這個觀念很好，是很大的思維改變，就是任何工研院產生的東西，都要有商業應用價值。因為工研院的任務不是基礎研究，應該把研發技術推廣到民間、嘉惠民間，這才是工研院成立的用意。

既然鼓勵跟民間合作，後來就有個新的激勵（Incentive）措施，如果技術服務對工業界有貢獻也有賺錢，盈餘一半交回公家（工研院），另一半作為單位的員工福利獎金。在工研院裡，量測中心屬於最賺錢的單位之一。

當時工研院共五個所、兩個中心是一級單位，都要跟院長做報告。張忠謀院長對報告的要求非常嚴格，有一次他召見我到他辦公室簡報，那時候還沒有投影機，是用透明的投影片報告，報告五分鐘之後，突然他人就不見了。

十分鐘後，他回來跟我說：「羅火啊，簡報在五分鐘之內，Who、Why、What、Where、When、How這5W1H要讓人聽得清清楚楚。五分鐘過去了，我都不知道你在講什麼，今天簡報到此為止。」

另外一次，我準備了二十一張紙跟他報告，報告到第七張，他說：「這不是我們要聽的，不要浪費時間，下去！Next！」我只好資料收一收下台。我是沒有被他丟過報告資料啦，只有被他趕下台兩次，不過那種犀利的眼光，還有那種趕人下台的壓力喔，讓我每次向他做簡報前半小時，都要吞鎮定劑。

◆風聲鶴唳

因為這樣，我對簡報就變得很嚴謹，每一次向他簡報之前，我會先把投影片寫好，除了試講還要錄音，接著一遍一遍聽錄音，把講錯、重複、數字不對還有抑揚頓挫這些部分先修正。我的單位還會總動員，大家沙盤推演模擬他可能會問哪些問題，然後預備資料，那才真的是「風聲鶴唳」！

有一次他到量測中心視察，我做完簡報後他突然站起來說：「羅火啊，今天的簡報是我聽到最好的一個，沒有七十分也有六十分。」他的評語我覺得很有意思，表示他的要求真的很高。

張忠謀院長最成功的地方，就是用「數字管理」。他上任後，每年要淘汰考績最後10%的人（後來改為5%）。[34]第二，如果你報告這個月業績多少，下個月預計做多少，下個月報告時他會回過頭來問：業績達到了沒有？為什麼沒有達到？達成太多是不是原本目標設定太低？達不到的話就是你表現不好。

所以很多單位就會把報表數字做一些「調整」，讓每個月績效數字落差不會太大。我覺得這個不對，變成在做表面功夫、應付過關而已。

另外，因為張忠謀院長很嚴厲，還會用菸斗敲桌子，而且他看你的時候就好像兩把利刃插在你心裡，讓一些資深主管，站在投影機前都會發抖。我覺得對工作高要求是應該的，但是常常被院長罵，對主管來說也很沒面子，這是自尊心受損的問題。可能就是他的管理風格，讓當時工研院人事流動率提高很多，胡定華、楊丁元還有一些高階主管後來都離開了。

就連我的小孩也多少受到影響，放學回家都還背著書包，就會先在門口問媽媽：「爸爸今天跟老闆做簡報，有沒有被罵啊？」有時候我也會罵小孩，有一次我心情不好，還把喝啤酒的雞翅膀、雞腿這些配菜往兒子身上撒……。

我兒子當時還小，就一直哭著叫爸爸，那一幕我每次想到都會掉眼淚。

34 張忠謀到任後鐵腕整頓，要求工研院脫胎換骨，他刷新人事評估制度，要各所把考績在最後3%的員工「留院察看」一年，如果不改善，將予以裁撤。（資料來源：楊艾俐，〈IC教父　張忠謀的策略傳奇（下）：一年賺兩百億的人〉，《天下雜誌》，191期，1997.04.01）

上｜1988年工研院於清華大學運動場舉辦運動大會，邱羅火（紅衣）參加一級主管400公尺競走賽留影。

下｜工研院院友會會議留影，邱羅火（右一）時任院友會常務理事，胡定華（左二）為首任院友會會長，右二為工研院第六屆院長李鍾熙。

到現在，我仍常常覺得很對不起小孩，我把工作壓力帶回家，這是很不對的，回到家就應該把工作上的所有東西都放掉。但是我又不曉得怎麼樣釋放壓力，第一個我不打牌，也不會到處串門子聊天。

所有的壓力之中，一直去除不了的，就是我只有學士學位，卻擔任工研院量測中心主任一職，那種無形的學歷壓力。

◆輕鬆暢飲洋墨水

一九八七年五月五日國家標準實驗室開始對外營運之後，我終於能好好準備出國進修，解決這個學歷壓力；張忠謀院長也覺得我很不錯、想栽培我，就批准我公費出國進修的申請，留學費用由量測中心提供。

當時我申請上了哈佛大學、MIT和USC南加大，最後選擇了科技人才多的MIT讀MBA，因為我從來沒有想過離開工研院，課程內容就都集中在科技管理，不是純粹的商學。我做過的案例研究（Case Study）也都與科技相關，比如波音、GE這些廠商，或是航太、製藥這些領域的行銷、管理、投資、財務還有創業。

MIT的科技學術研究在美國處於領先地位，包括材料、生物科技、航太、電機、電腦、資訊這些領域。MIT不算很大的大學，只有一萬兩千多個學生，和交大差不多，不像墨西哥大學學生二十七萬人，埃及開羅大學二、三十萬個學生，[35]已經是個城市的規模。

不過，MIT栽培出好幾十位諾貝爾獎得主，[36]電機資訊、生物科技是不用講的，連經濟學也得過諾貝爾獎，所以MIT商學院也很不錯，但師資陣容和人脈觸角還是沒有哈佛龐大。早知道後來我會踏入創投，我就會選擇哈佛或是南加大，像南加大就有機會認識很多企業第二代。

坦白說，交大電信工程系我唸得很辛苦，但是在MIT唸書我覺得很輕鬆，兩間學校的教學系統很不一樣。交大就是給你一本書從第一章開始按表操課教到最後，不會預習的話，上課就是從零開始，很多時候會漏掉重點。那時候也很怕考試，考試前就會「皮皮挫」，一定要挑燈夜戰K書。

35 墨西哥國立自治大學（The National Autonomous University of Mexico）官網數據，二〇二〇至二〇二一學年學生總數366,930人。開羅大學（Cario Mario University）二〇二〇年簡介資料，學生數約二十六萬人。

36 MIT歷年諾貝爾得獎者人數（含教授、職員、校友）為九十八人，其中校友得獎者為四十人。（資料來源：Honors and Awards Database, MIT）

MIT的方法完全不一樣，比如說第一堂課教授會先選四、五本書，要學生自己唸，不懂、不夠的部分可以去圖書館查，或者上課提問。教授會另外編教材講義，講義在圖書館印刷室可以買到。如果下週教第五章，上課前就要先交作業，也就是學生要先預習、寫習題，這樣老師教的地方你才聽得懂、不會漏掉重點，發問的話也能更精準。

◆各國文化差很大

MIT還有一個特色：只要教授講話一停下來，一堆學生都會舉手發問。我每次上課都坐在第一排中間，舉手也舉得最快，但是我有三個日本同學，每次都坐教室最後一排，沒看過他們舉手發問，這也是各國文化的差異。

筆試之外還有很多專案（Project）跟報告（Presentation），差不多每天都有小的專案要做，所以那是我英文最好的階段。後來我自己創業，最多同時管理二十八個基金，一個人提著公事包跑遍全世界，都要用英文演講、即席問答，我的勇氣和英文能力就是在MIT訓練和培養出來的。

有件事情讓我感觸很深：我曾修了一門計算機科學（Computer Science），教授是香港人，他每次都是先回答其他白人學生的問題，最後才回答我的問題。兩、三次以後我

上｜1987年就讀MIT時期，全家參加滑雪活動。
下｜1988年MIT畢業返臺前，全家於大峽谷合影。

忍不住了，我覺得這是很明顯的種族歧視，美國人都不會這樣，反而是黃種人欺負黃種人，我就把那門課退選不修。另外像波士頓冬天很冷，下雪天我跌倒過很多次，雖然出國難免碰到很多不愉快的事情，相對地也能讓人進步成長很多。

MIT每個禮拜五下午四、五點就是Happy Hour，大家會聚在一起喝啤酒、吃薯條，那是了解不同國家同學文化的好時機。我班上有二十七個研究生，西班牙、新加坡、臺灣各一個，三個日本學生，其他二十一個來自美國幾十個州，聽聽每個人對事情不同的看法，對培養國際觀很有幫助。國際學生還會輪流辦活動，像日本同學舉辦過日本週，我也辦過臺灣週，介紹一些臺灣的食物和文化，都是很好的國民外交。

◆一年拿碩士

MIT採三學期制，寒暑假都很短，每學期註冊費是固定的，沒有另外收學分費。沒記錯的話，第一學期我修五門課，第二學期修七門課，第三學期修六門課，每門課三小時三學分，差不多每天都要上課，我把自己逼得很緊，滿辛苦的。寒假開始寫論文，是以我建立國家標準實驗室的經驗作為題目，大概花四個月寫完，我還找了學校裡的美國學生幫忙修正文法和打字。

我是一九八七年五月六日出國，隔年五月底取得學位、七月回國，畢業成績超過四分，以滿分五分來看，成績算很不錯。

能夠全心唸書的主要原因之一，是因為學雜費用公費支付，每個月工研院薪水也照領。那時候我全家都一起到美國，小孩子也在美國唸雙語學校，太太每個月補助兩百美元，子女每個月各補助一百美元，生活無虞我才能那麼拚，每天只睡四小時。除了照顧一家大小的生活，通常課堂上的報告，也都是我太太幫忙打字，我真的要向太太說聲：謝謝妳！

這段時間我也盡量修補親子關係，寒假我們就到佛羅里達州迪士尼樂園度假，暑假也曾凌晨三點多開車，從波士頓往北開到水牛城，再到尼加拉瀑布過夜，然後沿著美加邊境湖泊河流一路開車到蒙特婁，也有在加拿大逆向行駛被人狂按喇叭的經驗。

我並不覺得自己忽略了孩子，可能是我出國次數多，才會跟小孩相處時間太短。所以一有時間，我就會關心小孩，但之前造成的隔閡已經很難消除。

◆資歷難敵學歷

從ＭＩＴ回到工研院，屁股還沒有坐熱，又發生一件事情，令我決定離開工研院。

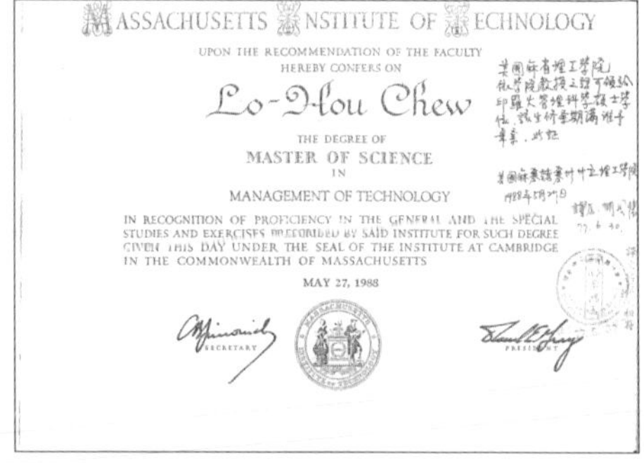

MASSACHUSETTS INSTITUTE OF TECHNOLOGY

UPON THE RECOMMENDATION OF THE FACULTY
HEREBY CONFERS ON

Lo-Hou Chew

THE DEGREE OF
MASTER OF SCIENCE
IN
MANAGEMENT OF TECHNOLOGY

IN RECOGNITION OF PROFICIENCY IN THE GENERAL AND THE SPECIAL STUDIES AND EXERCISES PRESCRIBED BY SAID INSTITUTE FOR SUCH DEGREE GIVEN THIS DAY UNDER THE SEAL OF THE INSTITUTE AT CAMBRIDGE IN THE COMMONWEALTH OF MASSACHUSETTS

MAY 27, 1988

SECRETARY

PRESIDENT

上｜邱羅火（前排左三）與MIT碩士班同學合影。

左下｜MIT畢業典禮，與量測中心顧問（雷神公司處長）合影，攝於1988年5月27日。

右下｜MIT畢業證書影本（教育部驗證）。

設立國家標準實驗室是屬於跨部會計畫，相關部會包括經濟部、國科會、行政院科技顧問組第五組等等，每半年會來稽查一次，看進度、發展技術、下期規劃這些，稽查結果再用公文發給工研院。有一次公文最後一點寫著：國家標準實驗室主任應具有博士學位，請貴院速覓具有博士學位專家擔任。

當時溫鼎勳是管行政的協理，[37]他很有膽識，回覆公文只寫了一句：「本院晉升人才，自有評核標準」。

我回國之後，人事經理就把這份經濟部公文拿給我看，看完之後我一個人坐在辦公室發呆。我心裡想：二十八歲開始在工研院奉獻，到現在四十二歲，做了五個國家計畫，績效也很好，但是就缺一個博士學歷，經濟部居然還正式來文要換人。

其實我很清楚，在工研院沒有博士學位，壓力有如泰山壓頂。就像台積電現在的員工，很多都是史丹佛、MIT這些名校博士，如果你只是臺灣的「土博士」，壓力一樣很大。因為這個問題，當下我就決定要走！

37 一九八三年八月三十一日，工研院通過聘請溫鼎勳擔任協理兼行政處長。（資料來源：《工研院四十年大事紀》，工業技術研究院，2013）

◆不為五斗米折腰

IC計畫是國家出錢買技術，我們出國技術訓練一年，回來必須在工研院服務三年；公費留學是留學一年，只需要服務一年，所以念完書我還要「服兵役」。等到一九八九年時間一到，我就提出辭呈，張忠謀院長說：早知道你要離開的話，我就不會送你去MIT唸書了。但是我並沒有跟他講，我是看到那份公文才決定要走。

我離開工研院的時候，張忠謀院長有勸我去台積電做副總，最後我沒有去，因為我覺得雙方想法和管理模式不太一樣。張院長絕對是世界級的人才，非常有邏輯、數字管理也很好，但是比較沒有耐心，我不想「為五斗米折腰」。不過現在台積電做得很好，我還是很恭喜他。

後來工研院也曾邀請我回去做院長室的特別助理，只是我自認是戰鬥型、拚命工作、帶著大家往前衝的人，要我當幕僚去溝通協調，我沒有這個能耐。

當時我還有兩條路，一條路是去科學園區創業，因為我有很多子弟兵都是工研院離職員工，我如果一號召，應該很多人會出來幫我。

第二條路就是施振榮學長[38]曾找我去設德碁，[39]我答應他了，也幫忙找了二十幾個對製程、測試、廠務都很有經驗的經理組成團隊。

最後我也沒去德碁，原因是老長官胡定華提拔我。當時他辭去工研院副院長位置，到H&Q漢鼎做創投，我才決定跟著胡定華走進創投業。

◆高手在民間

我在工研院服務十四年，離開工研院也已經超過三十年，其實我還是比較喜歡當年工程師和財經專家治國的時代。像工研院發展IC、電腦等等，都是五年一期的計畫，這是對的做法。我們寫白皮書或計畫要發展什麼項目，大概政府都會過關，不像現在到了立法院就吵成一團。

以前的文官任用制度也是一步一腳印地養成，我在工研院就是從副工程師、正工程師，然後再當中心主任，有一套訓練模式。我的工作內容，也依照五年計畫不斷調整，

38 施振榮，宏碁集團創辦人，一九七六至二〇〇四年擔任宏碁集團董事長。施振榮畢業於交大電子工程學系（學士、碩士），曾獲頒80學年度交大名譽工學博士、香港理工大學榮譽博士、英國威爾斯大學榮譽院士，以及77學年度交大傑出校友。

39 一九八九年，宏碁科技與德儀合資成立德碁半導體生產DRAM，一九九八年德儀退出，二〇〇〇年與台積電合併。

國家需要什麼、下一步要做什麼都很清楚。

比如IC示範工廠確定可以賺錢，就Spin Off成立聯電；Micro技術好了，就做次微米計畫，後來變成台積電的晶圓代工（Foundry）。[40] PC產業起來了，就要趕快設FCC實驗室協助出口貿易；臺美斷交後，我們就趕快把雷達磁控管技術補起來。

那時候的工研院，知道業界要發展什麼、困難在哪裡，會跑在業界前面，先幫忙解決困難。一九七〇、八〇年代，新加坡還會派很多人到臺灣、到工研院學習，一直到民主自由開放以後，領導國家發展的主角就從工程師、科技人員，逐漸變成律師跟政客。我認為這是臺灣這二十幾年來，最大的一個轉變。

現在工研院的立場很尷尬，能夠扮演的角色愈來愈少，一年才八十億新臺幣的研究經費，根本比不上台積電研發預算。[41] 業界早就跑在工研院前面，高手在民間，已經不在工研院了。

我覺得工研院應該要轉型，要像中研院一樣做非常先進或利基的研究。比如說沙漠風暴戰爭的時候，美國軍人背包平均重量四十八公斤，美國國防部就給MIT材料研究所一筆特殊材料研究預算，把重量減到二十八公斤上下，這樣戰力也會跟著提升。像這類先進科技，工研院還有很多發展空間。

40 一九八八年政府醞釀朝次微米領域發展，委由工研院自一九九〇年起執行為期五年「次微米電子製程發展計畫」，計畫主持人為交大83學年度傑出校友、交大101學年度名譽博士盧志遠先生。團隊最後以四年半時間提早完成計畫，成功為臺灣開發出第一片八吋晶圓、零點五微米DRAM製程自主技術。一九九四年底，次微米計畫衍生出資本額一百四十億元的世界先進積體電路公司。次微米計畫使臺灣擁有自主研發DRAM的技術，帶動八吋晶圓製造廠。（資料來源：〈人才與基礎建設　為國家提供進步動能〉，《工業技術與資訊月刊》，319期，2018.06）

41 根據工研院一百一十一年總預算書，全院全年度專案計畫支出成本約八十六億元，技術服務成本一百一十八億元，計畫衍生成本十一億元，應用研究成本編列七億元，全院支出總預算兩百二十三點五億元。二〇二〇年全臺個體財報研發費用前三大公司依序為：台積電投入一千〇八十六億元居冠，占整體製造業研發費用21.3％，金額續創歷年新高，年增20％，對製造業研發費用成長貢獻最大；聯發科投入四百七十四億元居次，年增28.5％；瑞昱投入一百五十三億元居第三，年增24.9％。（資料來源：〈製造業上市櫃公司研發費用逐年成長〉，《產業經濟統計簡訊》，經濟部統計處，2021.05.05）

第三章 遠颺

我雖然是客家人，但是很有膽識，即使到今天，
臺北創投界像我這樣自己獨立做專業創投，大概僅此一人。
客家人其實滿保守，很少冒險做生意，
我放棄一九九五年的兩百八十七萬美元獎金跨出去創業，
就是為了爭一口氣，也算是敢死隊的其中一員。

孤身闖江湖

對於工研院，我是真的滿懷感恩，讓我參加這麼多國家計畫，吸收不同的知識，薪水也不錯。一九八九年我離開的時候，那一年的獎金、薪資和各項津貼總共三百多萬新臺幣。也有很多人說我是瘋子、笨蛋、「頭殼壞掉」，說老邱年紀這麼大還出去，明明再做幾年就可以領退休金安享天年、到處遊山玩水，卻在四十二歲離開工研院。

◆如果可以重來

其實我是真的很喜歡工研院，離我家開車五分鐘而已，而且親戚、朋友、我的子弟兵或是科學園區的朋友全部在新竹，何必離鄉背井到臺北來呢？現在我已經七十多歲了，還會跟我太太檢討，當年「不為五斗米折腰」的決定到底對還是不對？

人一時的決定，常常會影響往後的一生。

我有時也會想，如果一九七九年去聯電當副廠長，現在應該是百億富翁了吧？我覺得老曹（曹興誠）是梟雄，但是他懂得分享，員工分配股票的制度就是他創立的，[1]他培養的部屬，我想資產超過百億的不下五十人。如果我接受張忠謀院長邀請，去當台積電的資深副總，現在應該也很不錯（也或許早就離職了）。假如我跟著施振榮學長去設德碁半導體TI-Acer，最後也是被併入台積電。

宏碁想找TI德儀合作德碁半導體，是因為當時他們的PC產量一直往上爬，DRAM用量愈來愈大，所以想自己設廠，朝設計到生產一條龍發展，但是只有一個廠其實很難跟別人競爭。雖然後來施學長找來了莊人川[2]，也經營得有聲有色，最後還是

1 聯電為臺灣第一家實施分紅入股的上市公司。（資料來源：楊瑪利、盧智芳，〈曹興誠：這是一個社會革命〉，《天下雜誌》，256期，2012.07.06）
一九八五年，聯電落實員工分紅入股制度，與之搭配的是低於水平的薪資水準，例如曹興誠擔任總經理期間的薪水是月薪八萬元，但是搭配比較高的分紅比例。經過計算，最後提撥盈餘的8至12%給員工分紅入股，如此公司不必以高薪吸引員工，但只要大家一起努力創造業績，公司股價提升，員工資產也會跟著水漲船高，激勵同仁為公司打拚。（資料來源：張如心，《矽說台灣》，潘文淵文教基金會，頁168-170，2006）

2 莊人川生前為智融美洲公司（iD Ventures America）董事長兼總裁，一九九二至一九九七年間協助宏碁集團拓展美國市場。一九九八年起，為宏碁集團在矽谷操盤創投業務數十年。二〇二一年罹癌病逝於西雅圖，享壽七十三歲。（資料來源：〈臺裔創投家莊人川辭世　生前推動新創提攜後進〉，《中央社》，2121.06.04）

把廠房賣給台積電，台積電和聯電的距離就進一步拉大。

我比較對不起施振榮學長的地方，就是本來答應他後來又反悔。宏碁的創辦人包括施學長、葉紫華、林家和、邰中和還有黃少華，大部分是交大前後期校友。他們創業的時候還滿刻苦的，聽說騎摩托車收帳、親手打掃辦公室都曾經歷過，開給我的薪水低於工研院是可以理解的。[3]

我後來決定跟著胡定華，因為他是我的老長官，在工研院受過他很多照顧，跟著他跑也沒有什麼話講。

◆當壞人整頓企業

當時胡定華是到H＆Q漢鼎[4]創投擔任總經理，我是當資深副總，每天早上六點多就要開車去接他上班。沒想到六個月以後胡定華就離開H＆Q漢鼎，自己設立了建邦創投，他也邀我去建邦做資深副總，但是我覺得那個環境不適合，只去了幾個禮拜時間。

離開建邦後，一九九〇年五月我就到工研院和H＆Q漢鼎投資的億威電子[5]擔任董事長。億威電子在臺中，主要承接中科院的天弓、天箭飛彈模組（Module）訂單，是從工研院Spin off成立，第二大股東是H＆Q漢鼎創投。億威還沒脫離工研院之前，因為半官方、非營利機構的身分，很多標案都拿得到；獨立變成私人企業之後，情勢就完全不同了。我到任後才發現，這家公司已經一年半完全沒有訂單！

我沒有通天的本領，面對一間快要倒閉的公司，我只好先進行財務整頓。首先，雖然公司閒置人力太多，我也不裁員，而是把員工外派給需要短期人力的公司，減少整體開銷（Overhead）。接著我發現軍方很重視學長學弟關係，我就找了具有軍方背景或者

3 施振榮夫人葉紫華，輔大企管系58級，負責宏碁財務與稽核工作。黃少華，交大電信工程系60級，85學年度交大傑出校友，歷任宏碁集團總財務長、董事長。林家和，交大電子工程系59級，89學年度交大傑出校友，歷任揚智科技、國碁電子董事長、宏碁集團監察人。邰中和，交大電控工程系60級，87學年度交大傑出校友，歷任旭揚創投創辦人、董事長，立錡科技、大椽公司董事長。宏碁初成立時，邰中和常騎著老爺機車去洽公，連「施太太」葉紫華都曾「搭便車」去收帳。有一回宏基希望爭取美國超微半導體（AMD）代理權，為了接待對方公司代表，葉紫華還挽起袖子、趴在樓梯間，一階一階地洗樓梯。（資料來源：周正賢，《施振榮的電腦傳奇》，聯經出版，頁86-87，1996）

4 漢鼎亞太（H&Q Asia Pacific）由徐大麟博士創立，創辦初期為美國投資銀行Hambrecht & Quist分屬機構，現已獨立運營。一九八五年成立以來，累計管理三十四億美元，二十九個基金以及超過四百家被投企業，投資重點為美國和亞洲地區企業的早期投資。（資料來源：漢鼎亞太官網）

5 億威電子曾出售給美商「TITAN SESCO公司（美國加州），成為該公司之海外分公司，一九八八年十月美商撤資後公司改組，二〇〇六年八月由義联集團子公司燁輝企業股份有限公司接手經營。（資料來源：億威電子官網；燁輝公司財報）

退伍職業軍人來當業務，後續也跟中科院保持密切的合作關係。

不過我認為，如果只接臺灣軍方生意，業績量太少了，企業長不大。以億威當時的財務狀況，沒什麼人願意投資轉型。和億威同期的競爭者神基科技，[6]就轉去做國外的軍方、警方生意，做得很成功。我曾擔任神基董事六年，現在還是苗豐強[7]聯華控股公司的獨立董事、審計委員會主席兼薪酬委員，我幫忙他差不多快十年了，從財務報表、資產負債表就可以看出這家公司非常穩。而且苗豐強這個人很明理，他會提問題但不會人身攻擊，會尊敬別人。

就這樣做壞人進行整頓，一直撐到損益打平，也開始有些小獲利後，我就離開億威，一九九一年十月再次回到H&Q漢鼎擔任總經理。

◆從零開始

以前在工研院當主任有配車、配司機，根本不用看路，我剛到臺北時卻要自己開車、路又不熟，曾經一邊看地圖一邊開車，不知道前面車子煞車就撞了上去。有段時間我常常掉眼淚，想說乾脆回新竹算了，那是我人生十分低潮的時候。我還跑去算命，結果算命先生說，我沒有機會回新竹，只好繼續努力撐下去。

有一點讓我很感慨：在工研院因為是主管，手裡有資源，銀行經理都很客氣，有時還會送點水果、月餅。私人公司缺錢的時候要跟銀行來往，明明公司不是我的，我卻得當擔保人，要我簽名擔保後，錢才能撥下來；有時還要到處跟人家磕頭，主客易位的情況很現實。

但是我也發現：原來一流的人才在金融界，而不是在科技界！我們這些搞科技出身的人，常常以為自己很厲害，到另外一個世界後，才知道金融業的人腦筋動得很快，國際金融、國際情勢、匯率變化……只要關於賺錢的事，他們都很厲害。我真的是四十幾歲以後離開科技界，才從零開始學習。

一路走來，除了在張忠謀院長底下工作壓力很大，我在億威時的壓力也不遑多讓，

6 神基科技為聯華實業控股集團旗下企業，創立於一九八九年，由神通電腦與美國奇異共同合資，主要經營項目以Getac自有品牌強固型電腦和手持設備為主，產品應用領域涵蓋軍方、警方、公共事業、通訊、製造及交通運輸等。（資料來源：神基科技官網）

7 苗豐強，美國加州大學柏克萊分校電機及電腦工程學士、加州聖塔克拉大學企管碩士，90學年度交大名譽博士。一九七六年回國前任職於英特爾（Intel），返臺後於一九八二年創辦神達電腦，二〇一三年成立神達控股，歷任神達投控、神通電腦、聯成化學、聯華實業、聯強國際董事長，美國新聚思（Synnex Corp.）榮譽董事長。（資料來源：神達投控官網）

這段加起來大概四年半時間，是我人生最黑暗的時期之一。我覺得很對不起太太跟子女，因為我會把工作壓力、情緒帶回家裡，脾氣比較暴躁，臉也很嚴肅，小孩子看到爸爸都會怕。

我常覺得自己不是一個成功的爸爸，以前這麼拚命賺錢，為的是讓家裡生活變得好一點，沒有注意到親情這一塊，這是我一輩子非常後悔的地方。

我會跟我的子女道歉，道歉爸爸當年不應該這樣子。現在七十多歲了，我還常參加圓桌教育基金會的人生進修課程，一直思考要怎麼樣做父母，希望也能夠影響到我的子女，不要再犯我以前的錯誤。

邱羅火（右三）與漢鼎同事合影，左一為鍾寬仁（現任新世紀光電董事長）、左三為陶繼冬（現任富鑫創投總經理），約攝於1992年。

◆拒當高級打工仔

回H＆Q漢鼎時，創辦人徐大麟博士[8]還很客氣地打電話給工研院院長說：「抱歉，我們挖了你的一個邱羅火過來。」剛回去的時候，還是原來的薪水跟SVP（資深副總經理）職稱，後來漢鼎資深員工林茂榮[9]對徐大麟博士說：「徐博士，你趕快升James當總經理，你看他來四個月的表現和工作努力，你不升的話遲早被人家挖走！」所以回去四個月就公告我當總經理。

我很感謝徐大麟博士升我當總經理，H＆Q漢鼎臺灣區業務幾乎是放手給我管，很多人都被他罵、很怕他，但他從來沒有罵過我，因為我的績效不錯。像我們管理的漢茂基金（八基金（四點二億元），一九九四年是全臺灣五百大服務業裡面的第一名，漢通基金（八

8 徐大麟，出生於重慶，三歲隨父母遷臺，原就讀屏東中學，高三轉學到建國中學。臺大物理系畢業後，獲得吳大猷推薦赴美留學，取得布魯克林科技學院電子物理學碩士、加州柏克萊大學電機工程博士，後進入IBM服務。一九八五年加入Hambrecht ＆ Quist公司，隔年八月成立漢鼎亞太。（資料來源：李榮，〈華人創業故事／徐大麟有視野 成亞洲創投教父〉，《世界新聞網》，2021.08.28）

9 林茂榮，臺大電機系學士、交通大學企業管理碩士，曾任漢鼎亞太總經理，現任台微體董事。（資料來源：台微體官網）

億元）是第六名。

四十八歲那年（一九九五年），我決定離開H&Q漢鼎自行創業。當時H&Q總部執行長Dan Case還從舊金山飛來臺灣找我，他說所有辦公室裡面就臺灣績效最好，我為什麼要走？我說：就算做到總經理，還是公司的「高級職員」，我們華人不想一直做公司的「高級打工仔」，我希望變成公司的合夥人，就是要擁有公司的股票。

我認為如果是公司股東，我會把公司當自己家，也不會換工作，公司賠錢都會撐下去，這樣比較貼近國外創投「合夥人制」的精神。[10]

臺灣創投業採取的是「公司制」，就是要聽老闆的話，股權都被老闆掌握，「合夥人制」就不一樣，每位合夥人的票數都一樣。我認為臺灣創投業一開始就走了錯誤的方向，這也是臺灣創投業後來敗陣下來的原因之一。

因為總公司政策的關係，雙方始終沒有共識。那一年公司績效很好，徐博士告訴我，我可以拿到兩百八十七萬美元投資績效分成（Carry Interest），他還希望提拔我當大中華區的總裁，負責臺灣、香港、北京地區業務，但是我都沒有接受。[11]我這個人講好聽是善良，不好聽就是不夠狠、不像生意人；像我創立富鑫的時候，有幾個資深副總，也是拿了分配獎金後兩個禮拜就離職。

◆躋身創投四天王

我雖然是客家人，但是很有膽識，我覺得拿了錢再走，會給人家講話。即使到今天，臺北創投界像我這樣自己獨立做專業創投，大概僅此一人。客家人其實滿保守、滿怕沒錢，很少冒險做生意，我放棄一九九五年的兩百八十七萬美元獎金跨出去，就是為了爭一口氣，算是敢死隊的其中一員。

不過我創辦富鑫創投的時候很可憐，是在臺北市復興北路揚昇大樓過去一點點，一棟舊大樓的十三樓，跟其他公司一起分租辦公室。辦公室門面很小，有人來面談的時候，一看到門面那麼小，立刻掉頭就走。

我還記得科學園區有一位董事長說：「老邱出來能夠募個兩億，他就要偷笑了！」

10 為此，富鑫首創國內將創業投資顧問公司股份，讓所有員工入股分享的制度，包括掌管基金的3%管理費，以及基金獲利時顧問公司可獲得15至20%的分紅，均與員工共同分享，讓基金經理人也成為公司股東，優秀人才與公司利益充分結合。（資料來源：林宏文，〈邱羅火　夢想成真〉，《經濟日報》，1996.08.04）

11 邱羅火曾對媒體表示，漢鼎當時希望他共管亞太與中國大陸基金，到香港、中國大陸與東南亞一帶開疆闢土，但因考量母親糖尿病病情，以及他渴望尋找一個有認同感、歸屬感，能夠長期經營的公司，就出來獨立創業。（資料來源：李淑芬，〈富鑫顧問總經理邱羅火　創投與投資對象是生命共同體〉，《工商時報》，1997.11.25）

上｜創業初期邱羅火（右四）與富鑫同仁於KTV留影，右二為中經合集團資深合夥人彭適辰、右三為宮前五金代表、右五為富鑫首任執行副總蔣為峰，約攝於1996年。

下｜富鑫員工旅遊合影，攝於1999年5月26日。

確實，你要人家口袋裡面拿錢出來給你管，真的不容易。[12]

在業界，大家都知道我是搞科技的，可是我在ＭＩＴ學過很多總經、個經、財務、會計、創業這方面的課，所以做創業投資我很快就能進入狀況、績效也好。

一般募資狀況會好，是因為「投資績效」好，憑空講是沒有用的。我有漢茂基金第一名、漢通基金第六名的好成績，一年之內才能募到二十四億元基金，在業界聲名大噪，還會被媒體評論為臺灣的投資四大天王之一。[13]

◆情義值千金

曹興誠很講江湖義氣，我創業找他募資八千萬新臺幣，我們只是站著講話，連坐都沒坐下，也沒有看商業計畫書（Business Plan），他就投了八千萬，他只說：「我們都已經認識這麼多年了，我投資你就是看『邱羅火』三個字，Business Plan就拿去給別人看吧！」

12 當時每天工作超過十二小時，週末還經常待在辦公室寫企畫，被同仁稱為是「7-11」的男人。（資料來源：陳月雲，〈五年內富鑫希望成為投資銀行集團〉，《工商時報》，1997.11.03）

13 依中華民國創業投資商業同業公會一九九八年十月統計，以創投基金實收資本額排名，前五大創投集團依次為普訊、和通、富鑫、漢友、怡和。（資料來源：黃嘉裕，〈創投四大天王　選股準獲利高〉，《經濟日報》，1998.10.19）

後來我也跟友訊的高次軒[14]簡報了十分鐘，他也投資八千萬，另外湯國基學長[15]不只自己投資八千萬，還介紹一位朋友投資八千萬。我還有一位朋友雖然他沒什麼錢，他也幫我找了八千萬資金。能夠順利募到這筆創業基金，真的受到交大校友非常多的幫忙，這也是我特別希望回饋交大的主要原因。

創投有幾個規則，最重要就是分散風險。[16]首先，我們會投一些在通訊、一些在IC，再投一些其他產業，這是產業的分散風險。有些投資會放在企業的種子期（Seed Stage），有些在初創期（Early Stage），有些在擴張期（Expansion Stage），可能也有一些在晚期階段（Late Stage），這是投資期別的分散風險。

最後是投資金額（Dollar Aomunt）方面的風險分散，例如每一個案不能投超過多少百分比資金，一個資金投下來，至少有二十個投資組合（Portfolio），不太可能「衰到」二十個投資個案都死掉（倒閉）。

成功募集了第一筆創業基金、加上以前的投資績效，還有分散風險策略，我大概花三到四年，基金規模就達到一百六十億元。富鑫創立以後，我很快就到美國設公司，新加坡也有公司，連同香港、上海、北京、南京、昆山總共八個辦公室，總共管了二十八個基金，全部由我一個人募資。[17]

二〇〇〇年左右，我已經是臺灣前三大的創投公司，有人曾問過我，為什麼不爭取當創投公會理事長？

我的個性是不跟人家爭，公會這類公益事業有人願意做就讓別人去做。因為我計算過，當了創投公會理事長，要花三分之一時間在創投公會，我覺得這樣對不起股東，應該要全心全意為股東著想。

◆最不硬頸的生意人

有個小插曲：我的基金一般都是分兩期到位，聯電總共投資我五個基金，但是只有

14 高次軒，交大電子物理系61級畢業，86學年度交大傑出校友，友訊科技董事長，二〇〇八年因癌症辭世。

15 湯國基，交大電子物理系59級校友，後赴美國德州留學取得數學教育碩士，在美從事自動工程師達十八年，四十歲診斷罹患「視網膜色素病變」，一九九九年成立臺北市關懷盲人教育協會。（資料來源：陳芸英，〈湯國基的補教人生〉，《華文視障電子圖書館淡江蝙蝠電子報》，2014.09）

16 邱羅火曾接受媒體採訪表示，富鑫採分散風險的投資原則，內部報酬率約50%，才對得起股東。（資料來源：黃嘉裕，〈富鑫創投赴美覓金主募資3億美元〉，《經濟日報》，2000.09.08）

17 創投業界有所謂的「Mega Fund」說法，意指管理基金規模要達一億美元（約新臺幣三十二億元）才合乎經濟規模，一九九八年富鑫管理的基金已達四十一點六億元，超過業界眼中難以跨越的門檻。（資料來源：翁永全，〈邱羅火靠實力做後盾　富鑫公司表現傑出〉，《經濟日報》，1998.04.08）

第一個基金有投完八千萬，其他基金都只投前面一期。後來是蔡明介用聯發科和聯詠兩家公司投資，把不足的資金補齊。

坦白講，我們跟股東來往，是把股東當老闆，幾乎不會走上法律這條路，這是我的觀念；如果股東不投資了，找人補齊缺口就好。有些股東是因為財務問題，才沒辦法繼續投資，假使希望有人買他股票，我就會找人或我自己買下來，替他解決困難。所以業界對我的評論，都說我身段最軟，和股東從來不吵架，但是股東的要求一定辦到。

有些員工認為做生意應該照合約走，我倒覺得合約是冷的、硬的、按照法令的、沒有感情的，我們做生意還要注意到感情，特別是對聯電。

我和老宣（宣明智）[18]每個禮拜會打高爾夫球，交情維持了幾十年。他曾跟我講過：「老邱，你找老曹募資的時候，你們的聊天一結束，我就馬上到老曹辦公室跟他講，老邱有難我們一定要幫！」

群聯科技董事長潘健成[19]也會提到，公司困難的時候跟人家借錢，假設利息是6%，五年後公司發達了、賺了很多錢，應該要自動把利息從6%往上提高，連同本金還給對方。他認為當時如果對方沒有借錢，公司可能就倒掉了，現在公司賺這麼多錢，這個錢（本金加利息）已經是小錢了，可是一定要感激當年救命之恩。

所以他們幫助我創業的恩情，我永遠都記得，就算聯電後來不投我的基金，我都不會抱怨。創業是這樣，有了第一個基金，第二、第三個基金就容易了，創業基金其實是最重要的。

這些企業家會這樣信任我，不是因為交大校友的關係，我最大的信用，是大家都認為我很努力，而且不貪污。我從擔任交大伙食團主委開始，就有一個鐵則：我絕對不拿一毛不屬於自己的錢！

◆貪污＋公司內婚外情，Out！

有一次我孩子的音樂老師，為了謝謝我錄取他弟弟當司機，就從竹東帶了一盒水果到我竹中的家。他們離開之後，我太太在禮盒裡面發現一筆錢，她就立刻包了計程車殺到竹東把錢退回去。我太太說：「你們不要害我，我先生的規矩是絕對不拿別人的錢。

18 宣明智，交大電子工程系62級，83學年度交大傑出校友，89學年度交大名譽博士。歷任聯電、智原科技、友訊等多家上市櫃公司與創投公司董事長，協助創立超過百家公司，其中數十家已成功上市櫃。

19 潘健成，馬來西亞僑生，交大控制工程系86級學士、電控工程研究所88級碩士，94學年度交大傑出校友，於二〇〇〇年與五位交大校友創辦群聯電子，歷任群聯電子董事長與執行長。

錄取你弟弟是因為他以前開計程車，技術好路線也熟，不是因為我們認識的關係。」

連我太太都很清楚我的原則，所以在我的管理底下，絕對不准有私下交易（Under Table），員工貪污一定開除而且提告。如果幫別人管錢的公司員工會貪污，人家根本不敢把錢給你管，這是公司經營的根本。因為我一生沒有拿過不屬於自己一毛錢，在臺灣第一代搞創投的人裡面，我算是少數能「安全下莊」的人。

不過我會開放一條路給員工，比如三百萬美元的基金，員工加起來可以投資10%共三十萬美元，每位員工投資金額都會在董事會報告。員工投資股票要跟基金股票鎖在一起，基金如果不賣股票，員工也不能賣，基金賣股票，員工也強迫要賣，就是跟基金同進退。

我的做法跟美國類似，普通合夥人（General Partner）投資的錢要和基金綁在一起、同進退。這樣可以防止員工搞私下交易，而且基金管理公司的員工不能只玩別人的錢，自己不冒險。

我還有第二個規矩，就是公司內部不准有婚外情。

我是非常戀家的人，每次出國一下飛機，一定馬上打電話給老婆，報告已經平安到達。如果去外面吃飯，或是要去哪裡爬山和旅遊，我都希望全家一起出動。我還會把每天行程寫在筆記本上，白天筆記本放在辦公室，秘書就很清楚我幾點在哪裡、跟誰開會，晚上太太在家打開筆記本，也能知道我的一舉一動，比如要跟誰吃飯之類，我的一切都很公開透明。

我當量測中心主任的時候，常常邀一級主管跟他們的太太一起吃飯、爬山，她們都會跟我說，很放心先生跟我一起做事。就是因為我以身作則，同事的家人也很放心，我才會從二十幾歲當主管到現在，一直秉持這項原則。我的創投公司曾經有同事發生婚外情，雙方都被我開除，原本好好的家庭和工作都毀了，何必呢？

◆經濟艙董事長

像我這一代的人是窮苦過來的，很多事情覺得能省則省。比如飛去上海大概要一小時又十分鐘，經濟艙票價一萬二，商務艙兩萬六，沒有必要一個小時就多損失一萬四。所以我公司規定，航程四小時以上可以坐商務艙，四小時以內坐經濟艙。

這點也是我學來的：馬來西亞科學園區曾邀請我當科技顧問，也只有提供經濟艙機票，畢竟臺北到吉隆坡才三個多小時，他們也是用四小時來劃分。

我們當高級主管和老闆的人都這麼節省，對員工也是種示範作用，聽說華碩也有很多高級主管，出差都坐經濟艙。有一次我從上海回來，被升等到商務艙，我看到群聯潘健成董事長背個包包、穿著布鞋，也在商務艙櫃檯排隊。他趕快跟我解釋說：「學長，我一向都是搭經濟艙，這次買不到經濟艙，才不得不買商務艙。」他真的很可愛，這才是員工最好的表率。

我還親眼看過漢微科的許金榮[20]董事長，跟我坐同一班飛機的經濟艙；漢微科夠賺錢吧，董事長一樣以身作則。

話說漢微科能夠發展這麼好，是黃民奇[21]學長持續支持十幾年，一路燒錢才做出極紫外光（ＥＵＶ）。從國家的立場來看，我非常不贊成把漢微科賣給

富鑫員工旅遊與夫人於日本黑部立山留影，攝於1999年。

荷蘭艾司摩爾（ASML），[22]這是國寶啊！沒有EUV蝕刻設備，不管台積電或聯電，五奈米以下製程都是做夢，當時國發基金應該把它買下來，把國寶賣掉真的很可惜。

20 許金榮，交大電子工程系62級學士、光電工程研究所74級碩士，88學年度交大傑出校友。歷任台積電資深廠長、北廠區副總，瑞聯積體電路、合泰半導體、漢民科技總經理，漢微科董事長，現任漢民科技副董事長。

21 黃民奇，交大電子物理系63級學士，88學年度交大傑出校友。歷任漢磊先進投資控股公司創辦人暨董事長、漢民科技合夥創辦人暨董事長、東京威力科創總經理暨董事長、國際半導體設備材料協會（SEMI）全球理事會董事長，現任漢民科技、漢辰科技、禾榮科技董事長。

22 漢微科二〇一六年六月十六日發布重大訊息，宣布與荷商艾司摩爾（ASML Holding N.V.）簽署正式股份轉換契約，艾司摩爾將以現金收購漢微科全部流通在外股份，總交易金額約為新臺幣一千億元（以當時匯率折算約二十七點五億歐元），股份轉換於二〇一六年第四季度完成。（資料來源：漢微科重大訊息記者會新聞稿）

創投的冒險DNA

買房子之前，通常會先把後果想好：這房子以後賣得出去嗎？租得出去嗎？我們做基金募資（Fund Raising）的人，募了資就要對股東負責，畢竟一個基金投資至少要十年，我們投資之前也會先想好出路：究竟要讓小公司繼續長大、開花結果變成大公司？還是一半時間就賣掉？

比方說投資生物科技或製藥公司，大部分都會在人類試驗第二期（Phase II），還沒有進入第三期（Phase III）就賣給輝瑞或嬌生這種大廠，因為大廠才有辦法吸收第三期的龐大費用。

我不投那種「Me Too」，就是別人做、你也做的領域，那種沒有意思。我比較喜歡投非常尖端的、人家趕不上的項目，或者投資人家根本沒有的新創意（New Idea）。新創意也許會失敗，我也曾經被騙過；不過投資帶有冒險性的新創意，如果押對了，獲利倍數會很可觀，也可能促成劃時代的技術革新。

◆打垮數位相機：豪威科技 Omnivision

我最成功的投資案例之一是豪威科技，豪威科技的執行長[23]是上海交大電機系畢業，年紀比我還大，主要產品是CIS（Contact Image Sensor，接觸式影像感測器）。影像感測器常用的CCD（Charge Coupled Device，電荷耦合元件）價格很貴，CIS雖然比較便宜但是體積大、解析度（Resolution）也不夠好。

經過豪威科技改良之後，CIS的體積縮小、解析度也提升，後來更內建在手機照相模組裡面，傳統數位相機就全部垮掉了，所以才說這個產品我們是押對了。

我認為普立爾（Premier）董事長黃震智運氣真好，普立爾曾是全世界前幾大的數位相機公司，好在提早賣給鴻海。[24]那時候鴻海一直在擴充，一直想要營收，所以用併購來加大營收規模，沒想到CIS有了突破性的手機應用後，數位相機就垮了，這是鴻海相當慘痛的一個案子。[25]黃震智如果把公司留到今天的話，也會很辛苦的。

23 豪威科技共同創辦人Shaw Hong（洪筱英），畢業於上海交通大學電子工程系。（資料來源：Omnivision官網）

24 二〇〇六鴻海宣布併購數位相機代工廠普立爾。

豪威科技現在已經變成中國公司，總部在美國，但是營運都在上海。我公司出場比較早，有些股東賺了快兩百倍，我的秘書賺了大約一百二十倍，就靠這筆投資負擔在國外唸碩士的花費。

◆聯發科勁敵：展訊 Spreadtrum

第二個我覺得滿成功，也可能很多人會痛恨我的案例，就是投資武平博士[26]創辦的展訊通訊。當時我們觀察到中國手機市場這麼大，但是不會自己做手機晶片，我們就在非常早期的A輪（第一輪募資）投資展訊，一直跟到上市。

一開始蔡明介也有投資展訊，直到展訊從美國矽谷搬到上海變成中國「國家隊」，蔡明介就把股份賣掉避免衝突，後來展訊逐漸強大，成為聯發科的競爭對手。[27]

武平離開展訊以後，上海市政府給他六百億人民幣，變成創投的國家隊。[28]武平對我很尊敬，他曾講當年要不是臺灣的富鑫創投支持，就不會有今天。有次他的大樓開幕，很多官員被邀請參觀、致詞，我是唯一民間、而且是從臺灣去的上台致詞貴賓。

我是豪威科技和展訊的大股東，在董事會卻沒有辦法主導，而且我投資他們的時候是在矽谷，他們要搬回上海，我也無能為力。豪威科技跟展訊，雖然註冊在海外或者業務辦公室在美國，但是研發跟大本營都在中國，中國人民族意識非常高，政府一號召就回去，才會都變成國家隊。

我以前常講中國是全世界手機跟電腦使用最多的地方，可是自己連ＩＣ都不會做，所謂的「船堅砲利」都是花錢買的，或者只是在國內組裝，科技的基本功很不紮實，世界各國要圍堵中國很容易。科技事業需要一步一腳印，要天天耗在實驗室裡面，中國年輕人不喜歡這樣，他們比較喜歡追求類似騰訊馬化騰、阿里巴巴馬雲一樣的隔夜致富模式。

25 二〇〇六年鴻海併購了普立爾，不久以後從普立爾接收來的團隊因為鴻海組織變革一拆為三。鴻海善於組裝，卻對光學研究不夠精，不願投資太多，急著要求成果，有了成果以後又要優先供應集團所需，壓縮光學團隊利潤，導致團隊成員很多被同行挖角或自行創業，核心人才由二〇〇六年的九十餘人降至十九人。員工表示：「郭董期待一加一能大於五，但這是典型的一加一小於一，是場災難」。（資料來源：楊艾俐，《郭台銘霸業》，天下文化，2017）

26 武平畢業於中國清華大學電機系，並取得中國航天科學院電機碩士、博士。二〇〇一年武平成立展訊通訊，邱羅火曾形容武平，有著不折不扣的工程師性格，執著技術，生活節儉。（資料來源：林易萱，〈連蔡明介也不敢掉以輕心的展訊〉，《今周刊》，2007.11.08）

27 紫光集團於二〇一三年收購展訊，二〇一四年收購銳迪科，對外統稱紫光展銳。

28 武平離開展訊後，二〇一一與潘建岳、李峰成立武岳峰科創（Summitview Capital）。

中國要像我們當年不在乎錢、放下家人，去RCA把美國的IC技術學回來，現在是不太可能了，也沒有國家願意把技術給中國，所以中國只能去挖人或買公司。不過我發現，中國年輕人好像慢慢改變了，也願意一步一步來，但前提是政府要下很大的決心，提供強力的支持補貼，給很好的待遇、很好的保障，這是我從豪威科技和展訊觀察到的一些趨勢。

◆天上掉大禮：分眾傳媒 Focus Media

中國的分眾傳媒，我覺得也滿值得一提。分眾傳媒成立兩年八個月就到美國那斯達克（NASDAQ）上市，上市市值四十四億美元，也合併了聚眾傳媒（Target Media）變成獨角獸。

在中國，特別是像央視春晚這類熱門時段電視廣告，要以秒為單位競標；如果要在馬路邊設一個電子廣告看板，大約40%時間要捐給政府做政令宣導，廣告內容還要先送審。分眾傳媒創辦人江南春[29]突發奇想：那在室內電梯裡面裝面板（Panel）打廣告，不就可以避開這些限制？

江南春是中文系畢業，他不需要懂得數學，也不需要懂得量子力學（Quantum Mechanics），只要有一個創新點子抓住人家的眼球就成功了。他們發現，如果樓房只有八層、十層，在電梯內看影片的時間太短了，後來就鎖定三十層以上的大樓簽約。

全中國三十層以上的大樓有幾萬棟啊，他們光是上海就賺了很多錢，再推廣到北京這些大城市。他們播出的廣告都是高爾夫球、汽車、高級保養品之類產品，因為目標就是在大樓裡工作生活的白領階級以上族群。

我和香港招商局共同成立的四千三百萬美元「招商富鑫基金」，投資分眾傳媒四百萬美金，十八個月內賺了二十二倍，真的是天上掉下來的大禮。因為江南春不太懂英文，我也協助他們開拓海外市場，目前只有在香港跟新加坡利潤較少（Slightly Profitable），而臺灣和其他東南亞市場因為高層建築（High-Rise Building）太少，還需要時間經營。

◆第三方支付先驅：拉卡拉 Lakala

我另外一次滿有眼光的投資，就是中國的「拉卡拉」。

在還沒有支付寶、微信支付這些第三方支付平台的年代，中國的銀行和郵局非常沒

29 江南春，畢業於華東師範大學中文系，分眾傳媒創始人，現任分眾傳媒董事長兼總裁、首席執行官。分眾傳媒創立於二〇〇三年，主攻電梯媒體廣告，二〇〇五年在那斯達克上市。（資料來源：分眾傳媒官網）

有效率，排隊要排很久，消費者購物匯款非常浪費時間。拉卡拉這家公司就想到一個新創意：他們在7-11或社區會議室擺一台POS機連線到銀行，銀行再連線到客戶端。

如果消費者上網訂一台電腦後，只要先去附近的POS機匯款，等銀行通知電腦公司款項已經匯進來了，對方就可以出貨，省掉過程中很多手續。拉卡拉並沒有碰到任何一毛錢，都是在系統裡面作業，概念類似第三方支付。

這個新創意可以說領先時代，方向也是對的，後來中國官方出手了。官方說法是：流程雖然沒有牽涉現金，但是金流服務屬於中國經濟金融體系一環，「外人」不得投資，所以我們就被強迫賣掉投資股份。

恰好拉卡拉創辦人[30]的爸爸是柳傳志[31]老同事，就找柳傳志幫忙買下我的股份，除了讓我拿回投資本金之外，還外加投資期間每年18%的利息。事實證明我的投資眼光是對的，後來這家公司上市，如果沒有被迫退出，是可以獲利好幾倍的。

◆張汝京遇貴人：中芯半導體SMIC

講一個小故事，中芯半導體的張汝京，[32]我算是他的貴人。

一九九〇年代，臺灣一些新創（Start Up）的IC設計公司因為量少，專做大量訂單的聯電、台積電都不會接單，所以找不到地方做晶片。當時臺灣第一家ＩＣ設計公司太欣半導體，就想要蓋一間晶圓廠，提供給臺灣三、四百家小的ＩＣ設計公司做流片，用意其實很好。[33]王國肇就在一九九七年邀請張汝京回臺灣幫忙設廠。

那時候張汝京專長不在製程或ＩＣ設計技術，但是他替德儀蓋過七座ＩＣ廠，很會蓋廠房。本來王國肇找張汝京設的新公司叫做「亞太半導體」，新竹科學園區管理局已經核准了，還找了一塊四點七公頃的園區用地給新公司，那是當時竹科最後一塊大型土地。

當時台積電、聯電做晶圓代工很賺錢，很多人搶著認新公司股票，一些原始投資者

30 拉卡拉創辦人為孫陶然。

31 柳傳志，聯想集團創辦人。

32 張汝京，一九四八年出生於南京，後隨父母遷居臺灣，臺大機械工程系畢業後，陸續取得紐約州立大學水牛城分校工程科學碩士、南衛理公會大學電子工程博士。張汝京在德州儀器服務約二十年，在全球各國創建管理多所半導體廠，後返臺擔任世大半導體總經理。二〇〇〇年創辦中芯國際，二〇一八年創辦青島芯恩集成電路，有「中國半導體之父」美譽。（資料來源：芯恩集成電路公司官網）

33 一九八二年三月二十四日，電子所移轉積體電路及相關產品技術予國內第一家ＩＣ設計公司——太欣半導體，並簽訂客戶委託設計合約，由王國肇與史欽泰代表雙方。（資料來源：《工研院四十年大事紀》，工業技術研究院，2013）

就賣「股條」。這個案子因此被園區管理局封殺，土地也不給了。

那時候我就帶他們去見國科會主委郭南宏（交大前校長），我認為賣股條是不對的，但是建廠用意很好，不能夠一些人犯規，就把整個案子殺頭。原本郭主委的秘書只預約二十分鐘會議時間，後來談了兩個多小時，當場把事情解決，決定由國科會指示園區管理局撥用土地，才改成立「世大積體電路」。因為這樣，張汝京到現在都滿感謝我的。

由於王國肇資金方面比較不充足，就把這個案子轉給中華開發的劉泰英跟胡定吾，由胡定吾當世大董事長。中華開發最後又決定要賣掉世大，聯電跟台積電兩家搶著要買，廠房連試車都還沒試，一股就從十元變成六十元，最後決定賣給台積電。[34]

併購案確定當天下午兩點要開記者會，當天早上十點才通知張汝京，張汝京一頭霧水，去了才知道公司被賣掉。張汝京非常生氣，認為他是創辦人也是董事，談的所有事情自己都不知道，公司就要賣掉，等世大股票換成台積電股票以後，他就把手上的股票（技術股）全部賣掉，帶著資金立刻去上海設中芯。[35]

張汝京去上海的時候正好民進黨執政，[36]我是用新加坡和香港的創投公司投資他，我只投資A輪，所以很順利退出。不過，當時徐立德和另外一位政務委員的創投公司投資中芯，就被經濟部要求把股票賣掉，因為臺灣政府就是不准投資中國企業。後來雙方打官司，經濟部還輸了，原因是中芯註冊地並不在中國，大股東要在上海設總部，投資的小股東並沒有決定權；這情況就和我投資的展訊一樣。[37]

34 二〇〇〇年一月七日台積電董事長張忠謀與世大公司副董事長胡定吾雙方簽訂合併契約。台積電新聞稿指出，世大積體電路成立於一九九六年，業務範圍與台積電公司相同，當時擁有一座量產八吋晶圓廠，製程能力主要為零點二五及零點一八微米。世大另外還有一座新的八吋晶圓廠，二〇〇〇年三月開始量產。兩廠合計一年產能將達到四十萬片八吋晶圓，二〇〇一年則可望提升至七十六萬片以上，以規模而論是臺灣第三大晶圓代工公司。一九九九年併購的德碁為現台積電晶圓七廠，世大則成為台積電晶圓八廠。（資料來源：台積電官網）

35 中芯國際集成電路成立於二〇〇〇年，註冊地為開曼群島（Cayman Islands），總部位於上海。

36 二〇〇〇年民進黨籍正、副總統候選人陳水扁、呂秀蓮，當選中華民國第十任總統、副總統，為臺灣史上首次政黨輪替。

37 二〇〇三年經濟部公布「重大違規投資大陸案件」，前行政院副院長徐立德擔任董事長的誠宇創投，以及前經濟部次長楊世緘擔任負責人的全球策略投資管理，因涉嫌投資中芯國際集成電路，被各罰一百萬新臺幣。（資料來源：林淑媛，〈違規投資中國　經部開鍘〉，《自由時報》，2003.01.18）後誠宇向台北高等法院提起行政訴訟，台北高等法院以「無法證實誠宇有直接投資大陸行為」為由，初步判決經濟部投審會敗訴。（資料來源：胡釗維，〈違規登陸案首宗判決出爐　投審會要「鍘」台商　卻踢到法院鐵板〉，《商業周刊》第911期，2005.04.28）

◆小學弟膽量大：聚積科技 Macroblock

我還有個投資案例值得一提——「聚積科技」，創辦人是交大傑出校友楊立昌，聚積的主力產品之一，是LED驅動ＩＣ解決方案。做LED的人已經很多了，為什麼我還會投資呢？

單純做LED晶片很簡單，但是LED的技術不斷演進，已經從LED發展到Mini LED，接下來就是Micro LED。如果有Micro LED的新技術或新產品的原型（Prototype）我也會投，那就屬於尖端科技，我投資專門找那些有利基市場或是有故事的公司。

LED晶片或面板大家都做了，但半衰期的問題還是存在，也就是亮度和色度會隨著時間衰退（Decay）。聚積有一種軟體，當LED亮度變弱或者色度愈來愈淡，就用電流升壓（Boost On）衝上去，維持原來的亮度或色度，等到完全暗掉再換新；我就是看中這個軟體技術，因為沒有人做。

我原本跟楊立昌談好，用十四元投資聚積，後來公司淨值一度掉到剩四元，我就被股東罵到臭頭。我想跟他重新議定價格，他也是很大膽的人，說我這樣很沒信用。我當時是交大校友會理事長，小學弟居然敢講我是沒信用的人，我就用「研發本來就是燒錢，現在淨值雖然剩下四元，只要一成功，爆發力很不得了」的理由來說服董事會。

我們的投資成本，最後因為配股而降到十元，幾年後上市，我們在差不多三百元的時候賣掉持股。聚積這項創新技術，目前在中國市場還有四、五成的市占率，經營得相當出色。

◆ 交大人幫交大人

接下來幾個成功案例都和交大有關。

合勤科技 ZYXEL

合勤科技主要產品是「數據泵」（Moden Data Pump），競爭對手是洛克威爾國際（Rockwell International）。他們的數據泵是開放的，每個人都可以用。合勤採用類似網內互打免費的概念，才能用很廉價的方式去使用。

我既是投資人也是公司董事，投資之前雙方設了一個「打賭條約」：四年之內如果公司賺超過六千萬，原本股東三分之二、員工三分之一的股份比例對調，變成員工三分之二、股東三分之一，代表這家公司已經做起來了，算是給員工的激勵。結果前三年業績都不好，但是第四年下半年幾個月之間公司就賺了四千多萬。

創辦人朱順一[38]是我交大和竹中的學弟，他就跑來找我商量。他說雖然數字還差一點，但是我們幾個月之間業績就像坐直升機一樣上來，後續非常看好；如果我們做得這麼好，股份卻還是不變，員工可能會跑掉另外設公司，而且很快就會起來，合勤就變空殼了。

我們投資的基金股東有交通銀行、行政院開發基金、中美基金，等於是政府的投資，官方就是一切要按合約走。我想了個辦法，在股東會宣布今年公司做得特別好，所以發特別多的獎金，把今年六成盈餘當成員工獎金，股東領四成。這些不在合約裡面，官方管不到，股東也看到公司起來了。接著用一股十元增資，全部讓員工認購，最後員工持有公司股份也超過五成，算是一個雙贏的結局。一些朋友跟著我投資合勤，最多賺了一百三十倍。

旺宏電子 Macronix

旺宏現在是大公司，實際上也經歷過一些波折。胡老大（胡定華）名氣很響亮，一九八九年左右他和吳敏求[39]到H＆Q漢鼎募資，我個人也投資八百萬新臺幣，還有很多銀行財團投資他；最後我們賺了大概十八倍。

只是他們開始的策略就錯了：第一，他們募款只募八億新臺幣，蓋了一座六吋廠，光是設備折舊費就可以把他們拖垮。第二，他們最初設定要做通訊元件ＩＣ，問題是當年沒有iPhone，「黑金剛」手機也才剛出來，通訊元件ＩＣ用量不多，工廠產能利用率只有20％，只能說他們做得太早了。

我比較佩服胡定華的地方，就是他建了一艘大船，船走錯方向了，船東還有能力轉方向去跟任天堂綁在一起，開始轉做消費電子產品（Consumer Electronic）和ＰＣ領域產品。就這樣產量放大了、產能也塞滿了，他們才開始賺錢。

胡老大除了有韌性、會轉彎，他還有一個特色：公司發不出薪水要去銀行借錢，他不蓋章不擔保，後來是由吳敏求擔保，所以人家說吳敏求是身價最高的總經理，因為他背書保證最多。胡定華認為自己是專業經理人並不是股東，跟銀行借錢的背書保證，應

38 朱順一，合勤集團創辦人，交大電子工程系63級、臺大電機研究所碩士、德州萊斯（Rice）大學電機博士，86年交大傑出校友，現任合勤控投董事長。

39 吳敏求，旺宏電子創始人，成大電機系學士、碩士，史丹佛大學材料科學工程學系碩士，曾獲頒108學年度交大名譽博士，二〇〇五年起擔任旺宏董事長。

該由董監事、大股東聯保，因為公司是你們的；這點他很聰明。

宏觀微電子 Rafael Micro

交大傑出校友林坤禧在離開台積電之後，我就邀請他當我們ＩＣ基金董事長，後來他創立了新日光和宏觀微兩家公司。太陽能產業很大部分要靠政府補貼政策，真正比較賺錢的是做RF（射頻，RadioFrequency）的宏觀微。

宏觀微用矽晶調諧器（Silicon Touner）取代金屬傳統調諧器（Can Tuner），把體積縮到很小。林坤禧擔任宏觀微董事長，股價也很高，我們基金投很多，也賺了好幾億。

一般人賺了就是自己的，虧了就怪他人，我們投資宏觀微有賺錢，富鑫公司也有績效獎金，我就匯了兩千萬回報他、感謝他。人就應該要這樣，吃人一碗要還人一斗，喝人一口當湧泉以報，這也是我的人生哲學之一。

友訊科技 D-Link

友訊創辦人高次軒也是交大傑出校友，一開始友訊全公司只有七、八個人，在臺北市復興南路跟八德路附近的大樓租了一個房間創業，我在他們創業時期就開始投資。[40]

早期的網路介面卡體積非常大，友訊把這類網通產品大幅縮小，後來在印度有上市，中國市場也做很好。D-Link品牌在臺灣和全世界都很有名，幾乎是全球數一數二網通設備企業。

◆名揚獅城

除了中國和臺灣，新加坡在我的事業生涯裡面，算是經營相當成功的市場。一九九七年，我先促成萬海少東陳致遠投資新加坡封測大廠聯合科技

40 一九九〇年漢鼎即開始投資友訊，友訊上市後蜜月期最高價曾達一一〇點五元，漢鼎持股成本僅約十三元左右。（資料來源：李雪雯，〈創投專家：邱羅火〉，《錢雜誌》，1996.06）

受新加坡政府邀請代表臺灣參加TIF Venture創投論壇，邱羅火（中）以英文演講與參加即席問答。

（UTAC），二〇〇五年聯合科技又併購了聯測科技，[41]當時聯測總經理就是蔡宗哲。

一九九九年九二一大地震之後，聯電和台積電都在找其他地方設廠來分散風險，新加坡經濟發展局（Economic Development Board，簡稱EDB）主席特別來找我，他說我跟老曹比較要好，請我問問老曹要不要到新加坡。

原本老曹沒有把新加坡排入名單，他認為新加坡太貴，就先去訪問馬來西亞和泰國。後來發現馬來西亞華人會被排擠，讀理工科的人才都跑到新加坡做事，泰國又是房地產和服務業為主，比較後發現新加坡其實還不錯。在我的建議下，聯電就在新加坡設一座十二吋晶圓廠，當時是二十億美元的計畫，號稱新加坡建國以來最大單筆投資。[42]

本來英特爾也規劃在新加坡設廠，後來沒有做成，反而是我拉了聯電來設廠，新加坡政府對我很感激。當時新加坡政府贊助十億美元（時值約十七億新加坡幣）成立創投，兩位基金經理是美國籍、一位是新加坡籍，剩下一位就是富鑫臺灣。[43]我的新加坡公司一九九九年四月拿到執照，先後設了四個基金，其中一個三千萬美元的FTF第I型基金，新加坡政府投資公司（Government of Singapore Investment Corp.）就投資一半，表示我們那時候在新加坡做得很好、名氣很大，除了兩次探索頻道（Discovery Channel）現場訪問外，海峽時報也多次報導富鑫集團，所以我跟李顯龍、李顯揚他們也都熟，富鑫也自行舉辦半導體論壇，大約八百人參加。[44]

EDB還打電話給移民局，說邱先生對我們新加坡經濟貢獻很大，要發永久居留證（綠卡）給我和太太，我連面試都沒有去，公司也只提供了一些個人資料，新加坡就給

41 二〇〇五年聯測與新加坡聯合科技（UTAC）完成合併，成為聯合科技了公司。聯合科技董事長陳致遠表示，兩家公司合併後，將成為全球第四大獨立IC測試廠，年營收達二點五億美元以上，以擠進全球前三大為目標。（資料來源：范中興，〈新加坡聯合科技聯測合併〉，《蘋果日報》，2005.04.01）

42 二〇〇〇年十二月，聯電於新加坡白沙晶圓科技園區籌建十二吋晶圓製造廠（Fab 12i），該廠是聯電的特殊技術中心，提供客戶多樣化的應用產品所需IC，目前產能達五萬片／每月。（資料來源：聯電官網）為吸引國際晶圓代工大廠投資，新加坡設立白沙晶圓廠科技園區（Pasir Ris Wafer Park）。聯電財務長劉啟東表示，在海外設立高階晶圓廠是為了分散風險，而新加坡沒有地震、國際化，許多國際大廠設有亞洲營運中心，製造成本遠比日本低，又和臺灣同一時區方便管理，且可以自由雇用中國大陸人才，才從日韓中等候選地區脫穎而出。聯電新加坡十二吋廠斥資三十六億美元興建，新加坡經濟發展局旗下的投資專責機構EDBI（EDB Investments Pte. Ltd.）更會入股這座晶圓廠，持股比例15%。（資料來源：彭漣漪，〈人才誘因，聯電赴星投廠〉，《遠見雜誌》，2010.12.01）

43 新加坡政府一九九九年四月宣布設立十億美元（約十七億新加坡幣）的科技企業家投資基金，合作對象包括臺灣富鑫（Fortune Venture Investments）、新加坡通環（iGlobe）合夥創業基金、美國紅杉資本（Sequoia）和Doll資本。其中由新加坡政府投資公司（Government of Singapore Investment Corp.，簡稱GIC）與富鑫創投合作五千兩百萬美元的基金將會投資在新加坡和該區域科技公司，例如UTAC和E2O。（資料來源：Jennifer Lien, "Four venture capital firms benefit from US$ 1B S'pore Funds", *The Business Times*, 1999.09.16）

了我綠卡。新加坡非常有彈性，他們每年派EDB的人到臺灣來，邀請臺灣的企業主入籍新加坡，像矽品的林文伯[45]後來也變成新加坡人。

我拿到綠卡兩年後，他們問我要不要變成公民，但是要我放棄臺灣國籍，我說我不幹，像我這種「忠黨愛國」的人怎麼可以幹這種事？

新加坡是全世界資金流動最方便的地方，我在MIT讀書時，史隆管理學院（Sloan School of Management）梭羅院長（Lester Thurow）講過，一九九七年香港回歸中國，大量資金會從香港移走，臺北比較容易接收這些資金。後來因為臺灣有外匯管

參加創投公會論壇與工商業界聞人合影，左起臺灣工業銀行董事長駱錦明、怡和創投董事長王伯元、財政部長許嘉棟、中華開發總經理胡定吾、財政部次長張秀蓮、和通創投董事長黃翠慧、富鑫創投董事長邱羅火、遠東航空董事長崔湧。

制，而且臺灣跟大陸還是敵對狀況，結果錢都跑到新加坡去，才造就了今天新加坡的財經地位，對臺灣來說其實滿可惜的。

44 一九九九年富鑫在新加坡成立三千萬美元「富鑫科技第I型基金」，獲得新加坡政府基金投入。（資料來源：黃嘉裕，〈富鑫創投赴美覓金主　募資三億美元〉，《經濟日報》，2000.09.08）

45 林文伯，交大電子物理學士62級，91學年度交大傑出校友，102學年度交大名譽博士，歷任矽品、全懋、矽豐、華旭等多家公司董事長。

失敗是日常

我從事創投業輔導公司併購、上市重整已經超過三十年，總共投資了近三百八十五家公司，包括我在漢鼎當總經理時投的七十多家，還有富鑫投的三百多家，平均一年投資十多家公司。

投資風險很高，選對標的最高回收倍數可以到一、兩百倍，但是我投資失敗的個案也占三分之一、將近一百家公司，通常創投投資標的，三分之一或四分之一失敗非常正常。整體來說，我投資的公司最後大概有三成上市、兩成出售。

怎麼樣的狀況叫「失敗」呢？第一，公司倒掉當然叫失敗。第二，即使沒有倒掉，但是浮浮沉沉三十年，我也覺得算失敗，這是管理團隊在玩股東的錢，把錢拿去做員工薪水和福利，但是從來沒有發現金股利（Cash Dividend）給股東。

◆海外公司當心踩地雷

我基金和個人投資了一家X公司，他們是針對業務單位的軟體公司，產品功能包括協助企業處理庫存、生產排程（Production Schedule）之類。這家公司我們投資了將近十年，每一年都虧損一些，不過他們成立的時候募了滿多錢，資策會和宏碁的創投也都有投資，可以燒好幾年。

他們主要的軟體開發人員都在美國，因為都是華人，很難打入白人圈子，定價策略也有些問題。重點在於他們原本是臺灣公司，移到海外以後變成海外公司，臺灣股東幾乎沒有辦法獲得資料，都是由外國團隊掌握。

後來我們基金解散的時候，就按淨值賣回給公司團隊接手、認賠殺出。我個人投資還沒賣，我還想賭賭看，因為軟體說不定哪一天成功了，就會大爆發。另外，他們臺灣創辦人也是交大學弟，如果軟體事業能夠成功，在華人世界裡面就非常具有代表性。

現在投資海外公司（比如註冊在英屬維京群島〔British Virgin Islands，簡稱BVI〕、英屬開曼群島薩摩亞、百慕達），我都會非常小心。第一，這樣的公司沒有董事會，只有董事（Director）跟執行董事（Executive Director）。執行董事扮演臺灣董事長或國外CEO的角色，必須負法律責任，一般董事是非執行者，辭職就沒事了。第二，你也不太可能飛到加勒比海的小島小國去查帳，這樣報表不透明，股東也沒辦法監控。

所以我個人比較偏好公司註冊在臺灣，如果董事長或團隊亂搞，臺灣公司法規定獨立董事和獨立監察人可以單獨召開股東大會改選董事，或者在董事會裡改選董事長，這樣控制力比較大。假使為了國外市場必須設海外公司，通常要等到公司成長和營運上軌道了，再設海外公司，這樣就比較能放心，甚至財務長或CEO要從臺灣派過去，才能夠控制。

很多年前我投資過一家語音辨識公司，就是嘴巴說什麼，電腦就能用文字顯示出來，這個東西成功的話，真的是技術突破。後來我們才發現，電腦顯示字幕根本就是隔壁房間的秘書用手打出來的，原來是場騙局。我們投資三個月公司就倒了，這家公司就是設在美國，我們才沒辦法監控得很好。

◆投資生技切忌太樂觀

生技製藥產業，其實很適合創投基金投資，但是失敗風險的拿捏，要比一般投資案更加謹慎。

我曾投資一家美國的華人公司，創辦人將萃取的動物性睪固酮，做成滴劑型、局部性血管擴張的性功能障礙藥物，以降低心臟病或高血壓患者的使用風險，我們當時的總經理覺得這是個好點子。

原本這個投資案被我擋下來，原因是總經理連工廠都沒去看過，結果總經理覺得我不夠尊重他，就提出了辭呈。後來我決定放手，讓總經理主導這個四、五百萬美元的投資案，也希望這個好點子能真正開花結果，但後來這家公司也是倒閉了。

一般創投公司投資步驟大概是這樣：專案業務部門（Account Office）開發了具有潛力的投資案後，會先去做研究、訪廠，初步研究後如果覺得不錯，就會在每星期一公司周會中提出報告。公司同仁討論後如果覺得可行，先由副總出動去公司看，再由總經理去跟對方公司CEO、行銷副總裁、財務面談。最後階段，我們還要評估一股值多少錢、總市值、預期能賺幾倍、風險多大等等，評估程序相當嚴謹。

我最難過的部分，在於尊重總經理而放手由他做決策，最後呈報董事會核准。結果變成「肉包子打狗」。有些很先進的東西，失敗率預估數字應該要拉得非常高，不能因為畫大餅的高投資報酬率數字而過分樂觀，評估程序也必須嚴格遵守。

即使如此，我在美國投資的五家製藥跟生技公司，只有一家有把本錢拿回來，其他全部敗掉，這也顯示出生技製藥產業高報酬高風險的特性。

其實交大校友創業並不是都會成功，從一些失敗的案例（包括我自己），可以提供學弟妹一些警惕。

◆創業很難百發百中

我曾經投資一家交大校友創辦的雲端平台公司，任何人都可以把自己的產品資料、音樂、影片（包括A片）上傳到這個雲端平台。這樣的營運模式，首先牽涉的就是智慧財產權，比如說音樂、影片可能會侵犯別人的著作權、版權，A片還涉及兒童青少年相關保護法規，這種公司在美國是不能成立的。

後來政府認為，這家公司沒有在影音資料上架的時候做好品質管控（Quality Control），所以罰了好幾億，這公司最後也解散了。

另一個慘痛案例，就是投資大祥科技，公司主要產品是載板（BGA Substrate）。這家公司我投資的錢最多、占三分之一股份，也是第一任的董事長。因為我公司有規定，高階主管不能在其他公司擔任職務，所以我只做一年就交棒給萬海航運少東陳致遠。

這個投資案比較大的問題，在於原本已經規劃好，會從母公司全懋過來二十多位研發製程人員，但是人員一直沒到位，只好從其他公司到處挖角，東拼西湊變成了「八國聯軍」。雖然ISO這些都做了，小量生產也還行，產品樣品都順利拿到英特爾等公司的認證，但是一到大量生產就出問題。

最後大祥以八分之一價格賣給全懋，新任全懋董事長才告訴我，量產不順是因為設備買錯了。購買設備是團隊的事情，一個經驗、默契都不夠完整的團隊，才會產生這樣的結果，真的把我搞得灰頭土臉。

◆操守與創意並重

我和陳致遠有很多的合作經驗，比如新加坡聯合科技和臺灣大祥科技，後來又合作了「宏遠育成」；「宏」指的是另一位大股東霖園集團蔡宏圖，「遠」是指陳致遠，力晶黃崇仁也有投資。這項合作案包括了「宏遠創投基金（八億元）」和「宏遠育成科技」兩部分，陳致遠擔任宏遠創投基金董事長，我擔任科技公司第一年董事長，第二年就交棒給陳致遠（富鑫規定員工不得兼任轉投資公司職務，只能擔任董事）。

成立宏遠育成，主要是我們認為企業上市後的股票價格很高，價格太高那麼回報的倍數就少，如果能夠從創辦階段（Initial Stage）就投資的話，後續獲利爆發力就會很強。

這個想法非常好，但因為執行團隊缺乏經營企業的財務和風險管控概念，很可惜最後還是面臨結束的命運。其中我印象相當深刻的一個失敗投資案例，就是交大傑出校友楊德昌的鎧甲娛樂科技。[46]

因為宏遠育成的目標是孵化（Incubation），所以都是投資很年輕的新創公司，投資之前，我們通常要看投資公司的ＣＥＯ跟團隊對自身的評估和期望。鎧甲娛樂曾製作一部描述唐代風雲人物的動畫，我看了十分鐘毛片介紹後就感覺不妙、非常沉悶，就問楊德昌設定的客戶和目標對象是誰？他回答我說，他是鎖定比較年輕一點的客戶。

我的感覺是這部片子從頭到尾都很悶，不像很多日本動畫影片那樣活潑，他的期望不合常理。結果在法國坎城影展中，真的沒有拿到任何訂單。在影劇圈裡，你去做影片售前展覽（Presale），如果有客戶下單，通常會有一個三成頭期款（Down Payment 30%），這樣劇組的現金流就可以持續滾動。沒有人下訂單的話，前段燒的錢就拿不回來了。

就這樣一段時間之後，陳致遠覺得公司現金流恐怕會出問題，就開始清查財務。調查發現一些問題：首先，鎧甲總經理（楊德昌太太彭鎧立）在公司剛創業還沒有賺錢時，出差就都坐頭等艙，而且有配車配司機，家中一些花費也都報公帳。第二個，我們發現彭鎧立另外設立空頭公司，跟宏遠科技簽定技術移轉合約，把錢掏到空頭公司；董事會後來也對她提出告訴。[47]

◆不懂的產業不要碰

本來施振榮的基金也要投資，畢竟大家都想扶植臺灣動漫產業，我覺得他的團隊就比我們仔細，會去查開銷的帳單，發現楊德昌夫人有司機、有車子，出門要搭頭等艙，最後就不投了。一般新創公司還沒有賺錢，董事長或總經理薪水都會壓得很低，出門都是坐經濟艙、能省則省，要作為員工的表率。

其中還有一個插曲：我們在投資鎧甲娛樂之前，業界傳言楊德昌有腸癌，所以我們

46 楊德昌，知名電影導演，交大控制工程系58級學士，佛羅里達大學電機工程碩士，88學年度交大傑出校友。一九八九年成立獨立製片公司，電影作品獲得多項影展獎項肯定。二〇〇七年因結腸癌病逝於美國。

47「鎧甲娛樂科技」原由楊德昌和妻子彭鎧立共同經營，夫婦兩人分別擔任創意總監和執行長。鎧甲公司指控彭鎧立於九〇年擔任「鎧甲娛樂科技」總經理期間，以胞弟與親友當人頭虛報薪資及假交易套取公款，求償一千一百六十三餘萬元，彭女均未出庭，法院依一造辯論，判彭鎧立賠償八百一十三萬，充當人頭之被告三人與鎧甲公司以三百五十多萬元賠償金達成和解。（資料來源：劉志原，〈彭鎧立遭控套公款　判賠八百一十三萬〉，《自由時報》，2011.08.06）

很審慎地跟他看病的醫院聯絡，當時院方回答「目前沒有證明是癌症」。如果確定他有癌症，我們就不會投資了，就是因為沒有確切證明，他又是一個天才導演，我也覺得說扶植動漫對臺灣來說也是一個很好的機會，所以才會投資。後來，他卻因腸癌過世。

我另外曾經和工業局投資一家文創公司，比如我投一千萬新臺幣，工業局就投三千萬新臺幣，再委託我公司去當董事。因為齊柏林的《看見台灣》很成功，這家公司就想以中國或美國為拍攝主題。

這類影片經費要很龐大，而且大約要三到五年才能損平，如果公司沒有能力去說服更多大企業家來支援，單靠創投基金很難維持。因為這家公司在影展也沒有特殊表現或訂單，資金面很吃緊，我們現在已經將這筆投資認列損失。

其實，宏遠育成的股東都不是搞藝術或文創出身，雖然我們都希望臺灣文創能在全球占有一席之地，但是我們不懂如何去做，就是外行人投資自己不熟悉的行業。當發現這個文創團隊不行或者貪污，其實已經來不及，因為錢早就丟進去了；所以投資文創，對我們來說的確是一個冒險。

從風險管理的角度來看，自己不懂的行業根本不應該去碰，要不然就要請學校動漫或文創系教授加入，由他們擔任董事或CEO來監督，這點我們確實忽視了。

◆網路泡沫受重傷

創業之後我真的很拚，幾年之內就擴展了美國、新加坡、香港、上海跟北京的分公司，公司規模一下子就變很大。一九九九年政府取消創投業20％租稅減免優惠，[48]我就很努力地在募資：在美國募了一個，新加坡一年募了兩個基金，臺灣我則一口氣募了四個基金。

因為我花很多時間在國外，董事會要求臺灣公司要聘新的總經理。這位總經理也是很優秀，他是我竹中和交大同學，專長是軟體和網際網路，在他主持的一年半期間，我的臺灣公司投很多在這些領域。很可惜碰到二〇〇〇年的網路泡沫，當年度我們的投資就虧掉了七、八千萬美金。

由我操盤的IC、半導體、電腦產業投資，包括美國、中國、新加坡的基金在內，那年還賺了大約三十八億新臺幣。如果以美金臺幣匯率1：32計算，當年帳面上仍是小

48 一九九九年《促進產業升級條例》修正，取消第八條對創業投資事業之租稅優惠，並另定第六章第七十條創業投資專章，明訂創業投資事業範圍及輔導創業投資事業的發展。二〇〇〇年一月一日，創業投資股東之租稅優惠正式取消。（資料來源：中華民國創業投資商業同業公會官網）

賺，但是其實公司賠了二十五億新臺幣，投資的公司共倒了二十二家，真的心好痛。

我的股東就笑我說：老邱，你放員工兩年休假不要做事，今天過得還比較舒服一點，也比你這樣日夜打拚好得多。我做創投向來看得還滿準的，倒掉的公司用一個巴掌都數得出來，這次怎麼會倒掉這麼多，而且還是連續倒。

據說我們公司還是網路泡沫受傷最小的，有些股東安慰我，說我還有能力讓網路基金的股東，一股拿回六、七元左右。但是有些股東對我就很不諒解，我心裡沉重了很久，覺得對不起股東，自責很深。

後來我只好回來，親自主持臺灣公司，花了滿多時間把投資出問題的公司處理完，盡力替股東拿一些錢回來。[49]

◆鬼門關前走一遭

那段時間我的壓力很大，晚上開始睡不著覺，失眠最長達一個月之久，眼圈整個都是黑色。醫生檢查後發現頭部長了一個良性腫瘤，因為體積不大、長度只有一點二公分，就沒有手術處理，只有每半年定期追蹤檢查。

二〇〇七年，我做了一次全身正子掃描，發現腦部腫瘤體積已經長大二十七倍、長度達到三點六公分。不做任何處置的話，再過一兩年可能會有癲癇症，搭飛機或開車可能會有生命危險；開刀的話，死亡率大概5%。醫生說不開的話，兩眼不能對焦、半身不遂或記憶喪失等後遺症的機率有75%，最後我決定在臺北榮總開刀。

我太太還把兒子全家從美國叫回來，把財產、股票、公司印鑑都安排好。萬一開刀出狀況，所有的事情還可以繼續運作。

手術之前醫生要我先去鍛鍊身體，因為身體愈健康，恢復的時間愈短。我那時候就天天打高爾夫球，壯得跟牛一樣，最佳紀錄是八十桿左右。整個手術過程也很順利，在醫院住了幾天就出院回家。

還有一件事很好笑，開刀後第十八天，秘書打電話給我說，外面傳言富鑫集團董事長開腦，不曉得公司會不會關掉？我只好第十九天就去上班，真的是滿可憐的。因為我公司太多了，手術後第三個月我就到中國各地出差，坐飛機上升下降，或者去桂林石灰岩洞的時候，頭都還會痛。

49 二〇〇〇年後科技股大跌，富鑫管理的基金一口氣賠掉六成，二〇〇一年邱羅火忍痛把所有虧損一次打銷，靠著展訊和聚積兩個大成功的案子，把原本虧損的六成資金賺回來，還倒賺原基金規模的一倍。展訊獲利倍數達八倍，聚積獲利倍數約二十倍。（資料來源：林宏文，〈台灣創投業找出路〉，《今周刊》，2007.11.15）

術後四個月我就去打高爾夫球，張俊彥校長還說要幫我買一個頭盔（後來也沒買）。半年複檢時，我才知道手術在頭蓋骨留下一道縫隙，骨頭要六到八年才能長滿縫隙，癒合之前縫隙上只包著一層皮，只要氣壓變化就會頭痛。我那時候真的太大膽了，也有人說我是不要命了！

手術後兩年我還有定期檢查，之後就沒做了。腫瘤長的速度很慢，我現在七十多歲，根本不擔心了，就算復發，也活得夠本了。

◆電商顛覆消費行為

現在回頭來看，每個時代可以投資的產業不一樣，產業輪動速度非常快。一九八九年我出來做創投的時候，是x86、Motherboard、IC Packaging、IC Desigh的時代，後來演變成光電、材料的時代，二〇〇〇年以後，投資標的就變成網際網路相關的新題材。

在一九九九、二〇〇〇年那個階段，網路還算是相對新的點子，雖然普遍認為網路可以加快商業行為，但是從行為科學的角度來看，人類的基本心態是保守、抗拒甚至害怕改變的。那時候就有很多公司抗拒改變，像之前講過的王安電腦，就是抗拒ＰＣ趨勢的結果。

既然網路是新想法，就還要花好幾年來教育民眾，但是投資人又很沒有耐心。所以我應該是太早進入網際網路領域，如果慢個五、六年，就能避開了泡沫化。

我也慢慢覺得，現在投資案件跟我所學領域，已經不太一樣了，商業行為也有了很大的改變。例如電商就完全改變了人的消費行為：買衣服會先上網看，覺得不錯再去實體店試穿，最後再上網買，因為比較便宜。現在很多實體店都倒閉了，像有一家很大的臺商鞋廠，[50]原本他們在中國六千多家門市，現在也是很慘。

我投資的巴布豆（BOBDOG），就和Hello Kitty一樣做小孩子的用品，在中國非常有名，後來六百家實體店也全部關掉，被電商打得一塌糊塗！而在中國有三千多家業者賣巴布豆仿冒品，根本抓不勝抓，這是很大的問題。

不過我們看馬雲的淘寶網、天貓網，這樣的商業模式對整個社會是不是百分之百正確的呢？我認為絕對不是。印象中在美國的一場記者會，有記者問馬雲：天貓網、淘寶

50 臺商永恩國際創立的女鞋品牌達芙妮，曾創造一年賣出五千萬雙女鞋的業績，被稱為「一代鞋王」，二〇一三年後業績每況愈下，到二〇一八年為止關店數達四千家，二〇一九年又進一步關閉2,288家門市，平均每天有六家門市關門。二〇二〇年達芙妮國際宣布，將徹底退出中高檔品牌的實體零售業務（包括大陸及臺灣），並轉型為「輕資產」（即以發展電商為主）。（資料來源：邱苐濱，〈平均一天關六家店！達芙妮宣布退出中高檔品牌實體零售　轉型「輕資產」〉，《ETtoday財經雲》，2020.03.26）

網上的產品85％都是假貨，為什麼不去管理？他反而跟那個記者講說：如果你認為一百美元就可以買到一顆鑽石的話，那是你Stupid！[51]

這樣的說法，我是不認同啦，在美國或臺灣這是不可行的。在中國可以這樣做，是因為馬雲的股東背景，都是那個時代的富二代、政二代，習近平上來之後他才會被整。

◆優惠取消扼殺創投

二〇〇〇年的網路泡沫，加上一九九九年政府取消創投業20％租稅減免優惠，這兩件事讓臺灣的創投洗掉三分之二以上，我真的覺得很痛心。

臺灣的創投大概分成兩類，一類就是像我、胡定華和王伯元[52]，我們三個人都是科技背景，會去投前期、尖端科技、創新的東西；其他大部分創投都是財務或傳統行業出身，主要投資後期、快上市的公司。政府覺得快上市的企業根本不需要創投的資金，創投也沒有冒什麼風險，才會砍掉給創投的20％租稅優惠，我覺得這是很笨的做法。

為什麼臺灣很多創投會想投資後期、快上市的公司呢？國外沒有公開發行公司的股票面額限制，愈早期進場的投資人，能用愈低的單價取得股票，這樣可以鼓勵創投早期進場投資新創企業。但是臺灣卻規定公開發行公司的股票「一股面額新臺幣十元」，[53]對於多數金控、證券、投信成立的創投來說缺乏早期進場誘因，寧可搶成熟期的公司快要上市那一波，並和上市輔導結合，把股價炒高以後脫手、錢撈走，這樣對公司發展沒有幫助。

專業創投就不一樣，我們投資一家公司是從小開始拉拔，包括幫忙寫計畫書、做市場調查、競爭者分析、討論定價策略、如何降低成本，我們可以提供綜合性的經驗和建議。這些公司也可以用我們投資的錢去做研發、開拓市場、招聘人才、廣告行銷，這對新創公司的發展才有價值。我們的專業是從零把新創公司拱成大公司，才會有今天的友

51 馬雲曾在中國世界網路大會中，針對淘寶網販售的仿冒品發言自清，表示如果二十五元人民幣就想買勞力士是不可能的，那是消費者自己太貪了！馬雲本段言論，與本新聞之大意雷同。（資料來源：盧巧萍，〈淘寶「假貨氾濫」？馬雲怒駁：是消費者自己太貪了〉，《三立新聞》，2014.11.21）

52 王伯元，畢業於臺大物理系，後取得卡內基美隆大學物理學博士，曾服務於ＩＢＭ公司二十年，為中磊電子、怡和創投創辦人。

53 二〇一八年七月六日，立法院三讀通過《公司法》部分條文修正案。過往新創業者籌資，皆受股票面額十元限制影響，降低投資人投資新創公司意願。現行法規中，閉鎖公司已可發行無票面金額股，本次修法將無面額股或超低面額股適用範圍，擴大至所有非公發公司。未來新創事業可發行每股十元以上，或低於十元面額股，也就是股票面額甚至可為〇點一元、〇點〇一元，如此新創業者可以極低價格發行股票。（資料來源：林薏茹，〈公司法修法挺新創　有利引資又不丟失經營權〉，《鉅亨網》，2018.07.08）

訊、合勤、旺宏這些科技大廠。

現在政府鼓勵研發，高科技公司只要買防治污染設備，或者研發開銷都可以抵稅。那麼今天一家新創公司如果研究Micro LED、石墨烯，這些都是尖端科技，給租稅減免是應該的。像COVID-19疫苗的研發，因為開發期很長、風險也高，不管一般人或創投投資，我認為政府都應該給租稅優惠。

◆沒有投資沒有明天

對於創業家來講，創業本來風險就高，如果國家能夠負擔一部分風險，創業成功機率會提高。政府一次拿掉所有的創投租稅優惠，對真正做創投的人是種變相懲罰，導致專業創投縮手，對於創業家其實是很大的打擊，愈來愈少人願意創業。

現在臺灣的創投大概只剩兩種，一種是CVC（Corperate VC），像聯電、鴻海、英特爾有自己公司的VC，會投資一些和自己公司發展相關的技術；第二種就是像我這樣，找手上有些資金的老校友一起做天使投資人（Angel Investor）。但是在政府沒有任何獎勵的情況下，像富鑫過去這麼大的獨立專業創投公司，會很快縮小規模，因為沒有人願意投資創投了。

我認為當時應該要漸進修改法律，比如符合特定條件的投資項目才能享受優惠，假使投資快上市公司，就無法享受租稅減免，但是不能一律「通殺」。政府應該要想辦法繼續發展創投業，因為今天不投資，就沒有明天的大公司，也沒有明天的產業。

臺灣創投業會慢慢萎縮，不只是租稅減免取消這項因素。例如富鑫創投可以算是在中國的第一家創投公司，當時南京市長羅志軍（後來高升江蘇省委書記）特批兩億人民幣通訊創投基金，由南京富鑫管理，算是很大的案子。[54]而且我在中國投資分眾傳媒，十八個月就可以賺二十一倍，可見中國市場的成長性非常驚人。

政黨輪替以後，臺灣的創投公司不能投資中國，很多矽谷創投公司就跳過臺灣，直接到中國設創投基金搶市場。臺灣創投因為政治關係，失去中國這個新興市場，我覺得真的很可惜。

54 二〇〇二年九月，富鑫創業投資集團在南京受託管理人民幣兩億元「南京富鑫通訊創業投資基金」，該基金將主要投資於蘇、浙、滬地區的廣義通訊行業內的高科技企業。

第四章 思源

我從來沒有想過要從母校獲得什麼好處，所以對交大的態度一直都是「對就做，不好就檢討」，我這個人向來也是「直球對決」，不跟人家拐彎抹角。

愛之深責之切

創業多年後終於「脫貧」，我心裡始終惦記著要怎麼樣回饋交大？我想回饋交大的第一個原因，是感謝交大給我一張可以「闖蕩江湖」的畢業證書，畢業後才有能力搭上臺灣電子業起飛的順風車，享受經濟的成果以及致富。所以我覺得每一個受過交大栽培、自己創業有資源的校友，行有餘力就應該懂得回饋母校。

第二個原因，就是我創業募資受到很多校友的幫忙，讓我很快變成臺灣規模數一數二的創投公司。只是當時工作以臺北為主，和母校的連結不算太深，一九九四年我兒子考上了交大電子物理系之後，才慢慢和學校事務產生交集。

◆交大創投「不良」示範

有一次載我兒子回交大，我看到北校門宿舍區附近像黃土高原一樣光禿禿的，我就募捐了五百萬元請學校種樹，現在樹都已經很茂盛了。一九九七年邱再興學長當選思源基金會董事長，他打了通電話給我，希望借重我募款的經驗，幫基金會募集六百萬基金。原來基金會單靠利息收入來支撐運作很辛苦，我就找了十位校友包括我在內，每個人連續三年、每年捐款二十萬，也算不負所託。

一九九七年我當選交大傑出校友，一九九九年當選交大校友會新竹分會理事長。有一次張俊彥校長跟我說：「老邱，你每年都替學校募款捐款也不是辦法，我們來設立一個交大創投基金。」

一九九九年交大創投基金很快就成立了，基金規模五億元，由我向校友募資以及管理基金。每年給我們管理公司的2.5%管理費，一半留下來維持基本開銷，一半捐給交大，每年大概捐六百多萬給學校，連續捐了約十二年。捐給交大的款項，提供校友會及學校使用，例如作為鼓勵教授研究的獎助金或出國開研討會的經費，由學校跟校友會去調配比例。[1]

我是專業創投，獨立運作不受任何人干擾，覺得哪個案子好、可以賺錢，就挑選哪個案子，不會因為是交大校友創辦的公司或者特殊關係就去投資。葉菊蘭[2]的哥哥是成大化工系教授，他曾來找我希望幫忙籌辦及管理成大基金，不過我後來沒有接；那時候很多學校都學交大創投，我們真是做了一個最「不良」的示範，哈哈！

原本創投基金是可以永續經營的，因為政府鼓勵基金滿十年之後解散，現在交大創投基金已經結束了。交大當時有三個創投，交大創投是第一個，也是最後收攤的一個；另外還有池新明校友的思源創投[3]，和美國校友籌募的基金。[4]

◆企業化經營校友會

二〇〇四年，我從交大校友總會第一屆理事長鄧啓福校長手中，接下第二屆理事長重任。上任後第一件事情，就是聘請陳俊秀當第二任執行長；[5]當時是透過陳榮祥學長推薦，我也覺得俊秀年輕、反應很快。俊秀自己很有想法，可以獨當一面向前衝，又想出很多新的商業模式，加上我幫校友會增加了四個職員編制，今天交大校友會活動才會這麼多、發展得這麼蓬勃。[6]

校友會會費每年大概有兩、三百萬，預算不夠的部分就由我或者找企業家、校友一起捐。有一次鄧啓福校長對我說：「老邱，只有你敢這樣做，我們都不敢這樣做！」

以前校友會的運作方式很保守，收多少校友會會費，就做多少工作，因為他們是公教人員出身、做事規規矩矩。我是生意人，能收到多少會費是一回事，年度企畫預算不

1 「交大創投基金」一九九九年六月開始募集，兩個月內就募集了五億元，股東成員包括施振榮、宣明智等交大校友。回饋母校方式包括「管理費」及「盈餘」兩部分：每年「管理費」的1.25％歸交大，每年「盈餘」10％歸經營團隊、50％歸投資股東、40％提撥交大。（資料來源：左宛玉，〈交大創投基金：專訪邱羅火學長〉，《交大友聲》，378期，2000.02）
若以每年淨利率25％保守計算，交大約可分配到五千萬元。（資料來源：林宏文，〈邱羅火搞定施振榮、宣明智、張忠謀〉，《今周刊》，1999.09.19）

2 歷任多屆立法委員、交通部長、客委會主委、總統府秘書長等職位，現任總統府資政。（資料來源：中華民國總統府官網）

3 思源創投總經理池新明為交大電信工程系63級校友，思源創投初期籌設目標為三億元，一九九九年十一月即達成籌款目標，二〇〇〇年一月正式營業。回饋母校方式係將投資利得20％捐贈交大，優先支援育成中心籌設；創投管理團隊之管理費用與紅利減半，間接回饋母校。（資料來源：陳德玲，〈思源創投基金：專訪池新明學長〉，《交大友聲》，378期，2000.02）

4 交大繼一九九九年完成兩個創投基金募集後，二〇〇〇年初由林建昌（交大電子工程系57級）與程有威（交大電子工程系59級）校友開始籌備「矽谷思源創投基金」，募集金額為一千萬美元，投資標的鎖定美國矽谷具高成長潛力、回收期短的網際網路及通訊產業。（資料來源：游惠琴，〈美國矽谷思源創投基金：專訪程有威學長〉，《交大友聲》，378期，2000.02）

5 校友會首任執行長，為交大工業工程管理系80級校友王朝和；陳俊秀為交大管理科學系74級校友。

6 交大校友會的經營方針為「創造被交大校友利用的價值」，陳俊秀進一步延伸為「創造一個交大桃花源」。例如二〇〇八年七月成立的「勁竹俱樂部」，聚集了百餘位大公司副總（亦即事業部負責人）或是小公司總經理，在俱樂部中交流合作，希望再打造出一百家上市櫃公司，這是校友會打造「交大桃花源」的第一步。（資料來源：王麗娟，〈打造交大桃花源！專訪：交大校友會執行長陳俊秀〉，《交大友聲》，439期，2010.04）

上｜交大傑出校友頒獎典禮，與鄧啓福校長（右三）、夫人（右一）、公子邱福倉（右四）合影。

下｜交大校友會理事長交接合影，右為卸任鄧啓福理事長，攝於2004年1月11日。（《交大友聲》第410期，2005.08）

夠的部分就對外募款，校友會規模才能做大，做生意就是這樣！現在交大校友會每年預算三千多萬，沒有一所學校敢像我們一樣企業化經營。

其實學校需要幫忙的地方真的很多，擔任理事長以後一定要撥出很多時間，率先替學校解決問題，可以說是「使命必達」，我不希望校友會只是行禮如儀地定期開會。例如募捐，理事長一定要第一個跳出來；自已出錢以外，常常還要親自打電話要錢。

通常募款一定要「言之有理」，對方才肯出錢，但是過程中難免還是會被拒絕，心情就會往下沉，覺得有點挫折。經歷這些過程才發現，很多人有錢卻是一毛不拔。比如有位校友是大財團的女婿，每次都跟我說「錢是太太在管理」，所以我一塊錢都募不到。其實十萬、二十萬對董事長、總經理來講，並不是什麼大不了的錢，純粹看個人心態。我碰過一、兩次釘子，以後就不會找他了。

每間公司的「規矩」也不大一樣，比如我跟姜長安[7]校友募款，他就會問清楚募款目的，再判斷適不適合捐。有些公司要透過基金會，像蔡豐賜[8]校友的神基電腦就有基

7 姜長安，交大電子物理系67級，92學年度交大傑出校友，交大校友會第八屆理事長。

8 蔡豐賜，交大計算與控制工程系63級，96學年度交大傑出校友，歷任交大校友會第五屆理事長，神基科技副董事長，以及華孚科技、豐達科技董事長。

金會，必須看募款內容是不是符合內部標準。

◆事業公益相互力挺

不過，大多數校友都非常支持母校，像老宣（宣明智）每次向他募款都會捐款。相對地，人家這麼力挺，我們也要樂於回饋。老宣的科技盃高爾夫球賽[9]希望為臺灣培養青少年高爾夫球選手，他當理事長任內，我每年都會捐三十萬元，已經捐了很多年。

有一年他邀姚明來臺灣義賽，收入捐贈給花東地區原住民和弱勢族群，我太太原本不太贊成捐款，後來被現場熱烈氣氛感動，也很開心能支持他們。[10]

從我和宣明智的例子就可以看出，交大校友除了在事業上相互力挺，也常常攜手回饋母校和社會公益，支持我創業的湯國基學長，就是另外一個很好的例子。湯國基學長高我一屆，原本視力正常，當完兵之後就到美國讀研究所、工作，沒想到視力卻慢慢衰退，每位醫生都預告他最後會瞎眼。

因為他自己感受過這種痛苦，一九九九年他就成立了「臺北市關懷盲人教育協會」，我是從協會籌備成立就開始參與，二〇一二年擔任協會理事長，我的責任是募資。

盲人相關慈善機構很多，但是我們認為盲人不應該只能從事按摩業甚至乞討。很多盲人具有很特殊的能力，比如很強的聽力或音感，我們就去找了大學生或者社會人士來當志工，用口述或點字方式提供盲人學生輔導教育。

協會輔助的個案裡，有位學生考上清大經濟系，後來送到美國萊斯大學（Rice University）唸博士，連她媽媽也一起送出國照顧生活起居，現在她在耶魯大學當副教授，非常有成就。雖然我也認同「施捨他人、勿望回報」，但是我不曾收到她的一張聖誕卡片，心中還是有些五味雜陳，我也才更要求自己，對於別人的恩惠，一定要銘記於心。

在我退休之前，每年大概要替協會募兩、三百萬元經費，我找老宣或陳致遠，他們一樣都很支持。陳致遠是五股人，五股的竹筍特別好，有一次他的基金會舉辦五股竹筍拍賣會，所得款項作為五股的小學營養午餐基金，[11]他就指定我一定要參加，我也捐了大概四十萬元。

9 二〇一五年「臺灣科技公益協進會」創辦「科技希望高爾夫巡迴賽」，以培育臺灣高爾夫年輕好手、致力公益為目標，該協會創會理事長為交大傑出校友與名譽博士宣明智先生。（資料來源：臺灣科技公益協進會官網）

10 二〇〇七年姚明來臺義賽，並至竹科與宣明智等科技大老進行募款餐會，現場義賣簽名籃球所得超過七百萬元，全數捐贈聽障與弱勢團體。（資料來源：宋東彬，〈NBA／姚明造訪竹科　募得700萬善款〉，《TVBS新聞》，2007.09.08）

既然我募款的時候他們都願意捐錢，他們如果需要我，我也一定會回饋。原則上只要和交大相關，或是有意義的活動，我們這些老校友都很樂意捐款。

◆藝術之花扎根綻放

擔任理事長之後，我又想起當兵時看到其他學校畢業生會跳舞、唱歌、彈吉他，中秋節還會邀請高雄師範學院[12]的女學生來營區裡面跳舞，他們真的非常活潑，交大的學生好像比較悶、硬邦邦的。而且他們可以修文學、莎士比亞、哲學等等，我也很羨慕他們的學識很廣泛，我覺得交大在藝文方面應該要多一點關心。

當時我就跟交大藝文中心洪惠冠[13]主任講，我們要提高交大學生藝術人文素質，不能夠學校給多少經費做多少事。藝文中心把想做的事情都列出來，少數民族舞蹈、音樂演唱、戲劇表演都可以，如果學校給的經費不夠，我負責去募款。

受限於學校經費，原本交大藝文中心編制很小，後來洪主任就大刀闊斧規畫，我認為全臺灣大學裡，現在交大藝文活動辦得最好。洪主任之所以有魄力去做事，是因為後面有財務的支援，如果沒有錢根本就寸步難行。我擔任校友會理事長時期，可以說顛覆了很多傳統學校公務員的思考模式，也讓企業界、校友開始願意掏錢支援藝文中心。

有一次張俊彥校長夫人說，希望我去募三百萬元，把學校女生宿舍裡的一座墓遷走改成花園。募到三百萬之後，墓主因為祖墳風水考量還是不願意搬，我們想到大阪世博會藝術家楊英風有展出一座鳳凰來儀[14]雕塑，就用這筆經費在浩然圖書館中央設了一座小一號的鳳凰來儀雕塑，現在可說是鎮館之寶。

浩然圖書館前面還有很多楊英風作品，他也很夠意思，用成本價賣給交大，大約九

11 二〇〇八年勇源教育發展基金會（理事長陳致遠）舉辦觀音山綠竹筍及風味餐愛心拍賣活動，拍賣所得連同基金會捐助款六百萬元，全數捐贈八里、五股兩鄉，作為學童營養午餐與急難補助經費。（資料來源：勇源基金會官網）

12 一九五四年「省立高雄女子師範學校」成立，一九六七年改為「省立高雄師範學院」，一九八〇年改制為「國立高雄師範學院」，一九八九年升格為「國立高雄師範大學」。（資料來源：高雄師大官網）

13 洪惠冠，輔大中文系學士、臺南藝術大學博物館學研究所碩士，曾任新竹市文化中心主任、新竹市首任文化局長，二〇〇〇年九月受交大張俊彥校長延攬轉任交大藝文中心主任。（資料來源：賴巧純，〈用愛深耕這塊土地　洪惠冠〉，《喀報》，2012.11.18）

14 〈鳳凰來儀〉雕塑完成於一九七〇年三月，為日本大阪世界博覽會中華民國館展示的巨型雕塑，當時，藝術家楊英風臨危授命，從構思到完成僅五個月時間。原作高七公尺、寬九公尺，以鋼鐵為材料，初飾以五彩，後又漆上大紅朱色，完成後的色彩為大紅散金式，為中國傳統圖騰與現代工業材質完美結合典範。（資料來源：財團法人楊英風藝術教育基金會）

百七十萬元費用是由我去主導募集。還有竹湖的「薪火相傳」，[15]那是俊秀的主意，我負責募款。

◆轟轟烈烈「混」十三年

交大新竹校友會理事長的任期是四年，校友總會理事長改為三年，我總共當了七年的理事長。二〇〇七年理事長改選，老宣沒有來參加會議，我就提名他當理事長，結果他就當選了。後來他說：「怎麼可以趁我不在把我推上去，老邱我不讓你走，你要幫我做事！」他就硬把我拉下來當「輔導會長」，每次開會都要坐在他旁邊，一坐又坐了六年，[16]所以我在交大「混了」十三年。

有件事滿好笑的：張俊彥校長夫人是業餘畫家，有一年她開畫展還有拍賣會，拍賣到最後一幅畫的時候，俊秀就在台上說：「今天最後一幅畫，底價三十五萬，今年是民國一〇一年，我們把價碼提高到一百〇一萬，邱會長你有沒有意見？」我當然沒有意見就點點頭，俊秀就說：「成交，邱會長買了！」

這場拍賣會所得都捐給了藝文中心，我買的畫也送給學校圖書館的美術室展覽。如果是學校的錢，就是「一個蘿蔔一個坑」，對洪主任來講，多出這些拍賣所得，她在運用上就更有彈性。一百多萬對我來說不是什麼大錢，但是可以讓她做很多事情，有機會幫助母校，我覺得心裡滿愉快的。

宣明智請吳妍華來交大當校長[17]一筆一千萬循環基金，可以彈性運用於學校的研究發展，比如當她需要去請好的教授，差旅或者交際費用，就由這筆基金支出。只要基金水位低於某一金額，校友會就主動募款來補齊缺額。[18]

15 交大校友會為慶祝母校在臺建校五十週年，特邀藝術家曾郁文製作「薪火相傳」風動藝術創作，捐贈給母校。電物系75級校友黃須白紀念文中描述：此造景左右各有脩竹八柱，柱頂噴灑五十公尺淩空白練，於湖心交織搭成彩虹橋，其樣貌若似中原薪火跨海東傳，髣髴八方風雲際會九洲，但又宛如母校棣華相勵相攜。（資料來源：王美靜，〈薪火相傳　風動藝術　彩虹橋　交大校友會捐贈藝術創作，慶祝母校在臺五十週年〉，《交大友聲》，428期，2008.06）

16 宣明智擔任第三屆、第四屆理事長，總任期六年。

17 吳妍華校長畢業於臺大農化系，後取得臺大生化研究所碩士、田納西大學生化學系博士。歷任國立陽明大學校長、中央研究院學術諮詢總會委員等重要職務，二〇一一年二月一日就任交大校長，為交大有史以來第一位女性校長。（資料來源：友聲編輯部，〈歡迎交大新校長：吳妍華〉，《交大友聲》，443期，2010.12）

18 交大校友會理事長宣明智表示，理監事會議於吳妍華校長上任交接典禮當天，籌備新臺幣一千萬元的軟實力基金捐給母校，協助母校投入研究與發展。基金動支後，當餘額低到五百萬元時，校友會將自動追加到一千萬元。（資料來源：宣明智，〈歡迎吳妍華校長為交大注入軟實力〉，《交大友聲》，445期，2011.04）

坦白講，我和老宣兩個，把校友會搞得還滿轟轟烈烈的，不過有些事情也讓人挺有感觸的。SARS期間有一對工工管系的校友夫妻染疫過世，校友會就發動募捐一筆基金，足夠讓他們的孩子可以讀到大學畢業；如果沒有記錯，大約募了三、四百萬新臺幣。[19]

◆勿忘校友情

我捐款給學校在北大門宿舍附近種樹的事情，記得學校拖延了半年左右時間，我認為對於校友的捐款一定要有紀錄，也應該向捐款校友回報進度。比如說我捐了錢要種樹，校方要回報樹種在什麼地方，以及完工時間或進度這些資料，甚至應該立個牌子，註明這是第幾級校友捐贈。

這絕對不是沽名釣譽，而是要讓學弟妹知道校友回饋學校的心意，這部分還有進步空間。

像上海交大在閔行區設了新校區，他們就弄一個「綠蔭計畫」，邀請校友捐款種樹，種一棵樹要幾萬元人民幣，還滿貴的。我上海公司員工裡，有滿多交大校友都有捐錢，我和我兒子也都有捐，校方都有立牌子紀念，這方面他們做得比我們好。

對於臺灣的交大校友，以前對岸也是一直在拉攏，例如西安交大跟英國利物浦大學在蘇州合設一所西交利物浦大學，二〇〇九年六月二十一日兩岸交大校友會和蘇州工業園區（SIP）管委會，就在蘇州舉辦首屆「兩岸交通大學精英高峰論壇」，我和神基董事長蔡豐賜都以交大傑出校友身分受邀演講。[20]他們還聘請我擔任產業發展諮詢委員會委員，學生創業競賽發表，也請我去做裁判。

有一年蔣澤蔭[21]學長捐給上海交大的二十個獎學金名額停了，他們副校長還特別飛來臺灣找蔣學長，態度上相當積極。但是現在情況已經有點改變，他們的錢比我們多太多了，已經不太會找臺灣校友募款了。

另外，美洲地區的交大校友會並不分臺灣或中國的校友，以前大多是臺灣交大校友當家。後來臺灣人都不太出國了，反而中國人拚命出國，現在都是中國校友當會長多，因為臺灣校友少了，這點也滿可惜的。

19 二〇〇三年五月，交大工工管系84級班對張氏夫婦感染SARS相繼離世，校友會發起募款活動，為兩人遺留下的七個月大男嬰募集教育成長基金。（資料來源：交大校友會，〈雪中送炭，交大人共同的愛心〉，《交大友聲》，401期，2003.12）

20 陳泳翰，〈兩岸交大校友獻計園區　首屆高峰論壇在蘇召開〉，《交大友聲》，435期，2009.08）

21 蔣澤蔭，交大電子工程系58級學士、華盛頓大學控制系統科學與工程（Control System Science & Engineering）碩博士，88學年度交大傑出校友。

◆無愧母校栽培

二〇〇六年七月，我從現任臺灣高鐵執行長鄭光遠[22]手上，接任MIT在臺校友會會長，當時MIT校長蘇珊．霍克菲爾德（Susan Hockfield）[23]還特別飛來臺灣參加交接典禮。MIT校友會並不像我用企業化方式經營，他們是學校裡設個部門負責向國外校友募款，總監大概是副校長等級。

這位總監就是拎著公事包全世界跑，專門查訪回母國做生意成功的MIT傑出校友，我常常被點名。他們一年大概會來我辦公室募款兩次，有一次開口就希望我捐三百萬美元。

我有時候也會捐點錢給MIT，他們如果講十萬或二十萬美元，我可能就捐了，一開口三百萬美元我就不捐了，寧願捐交大也不會捐給他們。我很討厭人家指名要捐多少，我要捐多少是我的心意，強迫捐多少錢我就很不欣賞。一般評估捐款，我雖家境小康，仍會按照當下的經濟情況、現金流，以及學校對我的栽培，有輕重緩急不同的安排。

像交大沒話講，我出來創業都是交大校友支持，捐給交大我是義不容辭，也的確捐給交大比較多。包括我公司每年捐六百多萬交大創投管理費給交大及校友會，以及我領頭募捐的慈善基金，會計主任幫我算有紀錄的部分，加起來差不多一、二億元。我四十八歲才創業，六十五歲退休，我的公司不是一個大公司，這些款項也不算多，但我盡了我的能力，我的事業和表現也不會對不起交大的栽培。

雖然我被選為傑出校友，以及「交大50」[24]最具影響力的五十位校友之一，還被列入客委會的客家名人錄，[25]到現在都不曉得是誰推薦我，我也不會主動爭取或跟別人爭這些名譽。我回饋母校不是為了沽名釣譽，而是我現在有能力了，就應該要回饋。

22 鄭光遠，成大造船工程系學士、交大運輸工程研究所碩士、MIT航運管理研究所碩士、交大交通運輸研究所博士，97學年度交大傑出校友。歷任MIT在臺校友會會長、長榮航空董事長、立榮航空董事長、長榮海運副董事長，以及臺灣高鐵執行長、總經理。

23 蘇珊·霍克菲爾德，羅徹斯特大學生物學士、喬治城大學博士，一九八五年任教於耶魯大學，二〇〇四至二〇一二年擔任MIT第十六任校長，為該校首位女性校長。（資料來源：MIT官網）

24 「交大50，影響50」為交大與《遠見雜誌》合作之交大在臺復校五十週年校慶主題活動，決審委員包括交大吳重雨校長、交大榮譽博士李遠哲院士、遠東集團徐旭東董事長及社會公正人士高希均教授等十位具有公信力之社會賢達，共同選拔交大於產業界最有影響力的五十位校友代表。（資料來源：公共事務委員會，〈交通大學在臺建校五十週年校慶主題活動「交大50，影響50」：交大最有影響力校友獲選名單公布〉，《交大電子報 e-News》，第022期，2008.04.07）

25 參閱《臺灣客家名人錄》，客家委員會，頁98，2020。

上｜邱羅火（左四）代表參加蘇州「兩岸交通大學精英高峰論壇」。（《交大友聲》第435期，2009.08）

下｜MIT在臺校友會會長交接典禮，與首任會長臺灣高鐵執行長鄭光遠（左）交接印信，MIT校長霍克菲爾德博士（中）主持，攝於2006年7月。

張俊彥校長覺得我對交大有滿大的貢獻，有兩次想要頒發榮譽博士給我，但是我都不敢接，我實在德不配位啊！不過看看現在交大傑出校友及榮譽博士的貢獻，當年我應該接受張校長的好意。

◆程序正義不容侵犯

我當輔導理事長的期間，還曾發生過一件大事：媒體報導「科技大亨聯手扳倒交大校長」！[26]當時吳重雨[27]校長尋求連任，我擔任校長遴選委員會主席。一般我們會先做學生、教授、校友的民意調查，然後在浩然圖書館國際會議中心，用視訊會議方式，由我對全校師生做調查結果簡報。那一次簡報結束後，有人認為我「偏袒」吳重雨校長。

對方抗議的內容是：校務會議是全校最高權力機構，校長也要遵守校務會議決議，

26 根據媒體報導，二〇一〇年二月十日，交大校長吳重雨連任投票結果出爐，確定無法連任。投票前一周，以聯電榮譽副董事長宣明智為首，包括群聯潘健成、合勤朱順一、宏齊汪秉龍、凌陽黃洲杰、智易李鴻裕、神基蔡豐賜、富鑫創投邱羅火等交大校友，屢次在網路發表聯名公開信，反對吳續任交大校長，並在投票中讓他確定出局。（資料來源：王仕琦，〈科技大亨聯手扳倒交大校長〉，《財訊雜誌》，2010.03.17）

27 吳重雨，交大電子物理系61級，交大電子工程碩、博士。二〇〇七至二〇一一年擔任交大校長。

校務會議前一年已經決議「臨時聘用人員」不能投票選舉校長；這次校長選舉投票，卻有七十多位用「五年五百億」預算聘用的短期或臨時人員參加，這些人對學校根本就不了解，如何能參加投票？

像清大就是副教授以上才可以投票，代表說你夠了解學校、了解這位校長候選人。[28]我當場裁示請人事室或秘書提供會議紀錄，我要親自看過這份校務會議報告。但是我一直沒有看到這份檔案，無法做出正確判斷，第二天就發一封信給全校教授，辭去遴選委員會主席，接著飛到上海上班。因為這個插曲，最後重新投票結果（包括臨時教職員也能投票），吳重雨校長就沒有連任成功。

吳重雨校長低我一屆，雖然我們沒有特殊交情，但我覺得他是很優秀的人。有一次葉儀皓[29]跟劉克振說，南科如果沒有吳重雨校長去坐鎮的話，一定做不起來！吳重雨校長也擔任聯發科的獨立董事，表示他的技術和眼界非常受到學術界、企業界肯定，他沒有連任其實很可惜。

◆直球對決

我對母校真的是「愛之深責之切」，否則我也不用捐款及募款一、兩億做公益，還花了這麼多時間參與學校需要協助的事情，如果連不對的地方都不敢講，學校也會腐敗。像水門案導致尼克森下台，密告者就是ＣＩＡ中央情報局副局長。他認為總統為了選舉去竊聽對方訊息，這是不道德的行為，如果犯罪行為他都不敢講，那美國也沒什麼希望；因此，雖然他是總統心腹，還是勇敢站出來舉發。

我從來沒有想過要從母校獲得什麼好處，所以對交大的態度一直都是「對就做，不好就檢討」。我這個人向來也是「直球對決」，不跟人家拐彎抹角。

而校友會之所以對於校長遴選具有那麼大的影響力，是因為交大在臺復校初期要買地蓋房子，都是靠校友捐款。

據我所知，中油前董事長淩鴻勛[30]是交大校友，原本已經計畫要把中油的一塊土地

28 國立清華大學組織章程第32條規定，清大校長同意權人為全校教授及副教授。

29 葉儀皓，交大電子研究所75級，94學年度交大傑出校友。歷任義隆電子、利鼎創投／合鼎創投董事長等職務。

上｜邱羅火（前排右三）與「交大50，影響50」入選者合影。（《交大友聲》第428期，2008.06）

下｜交大電信四十週年論壇合影，右起陳炫彬（友達光電總經理，交大電信64級）、邱羅火（富鑫創投執行長，交大電信60級）、劉克振（研華科技董事長，交大電信64級）、卓志哲（聯發科副董事長，交大電信67級）。（《交大友聲》第416期，2006.06）

上｜2003年4月12日交大創校107年暨在臺復校45週年校慶校友餐會「竹之饗宴」，於浩然圖書館前方景觀大道上席開130桌，邱羅火（右一）與校友總會鄧啓福理事長（右二）、張俊彥校長（左二）、宣明智學長（左一）以廚師造型亮相，為餐會進行開鑼儀式。

下｜擔任臺北市盲人教育學會理事長期間，頒發獎狀給成績優秀輔導學生，攝於2012年12月1日。

給交大復校，結果當時交大沒打算在臺灣復校，就把地給了清大。我不清楚後來交大又決定復校的原因，但我曾聽彭松村[31]教授說，當時蔣經國先生找了從中國來到臺灣的交大和清大校友會，要一所大學發展核子、一所發展電子，最後交大選了電子，才有後續復校計畫。[32]

原本中油的土地已經給了清大，交大只好由校友捐款買地建校，非常辛苦。剛開始還必須借用新竹縣體育場的選手休息室上課、住宿，後來才搬到博愛校區。就連博愛校區的地，也是慢慢靠校友捐款和政府強制徵收，才變成現在的規模。[33]

我記得交大博愛校區剛開始只有大約4.7甲，後來政府強制徵收旁邊農田，地主就出來抗議，縣政府還要派警察、憲兵維持秩序。當時我應該在博愛校區讀大二，親眼看過抗議場景。

因為有這個歷史背景，過去校友會在校長遴選委員會裡，具有相當重要的分量。校長候選人經過遴選委員會篩選後會剩下三位，候選人向委員會報告後，委員再投票決定當選人；坦白講，從前交大要誰當校長，校友會扮演十分重要的建議角色。

30 一九一〇年以官費生考入郵傳部上海高等實業學堂（交通大學前身），一九二四年至一九二七年回母校（時稱交通部南洋大學）擔任校長。一九二七年至一九四三年投入中國鐵道建設，一九四八年四月獲選首屆中央研究院院士。隨國民政府遷臺後，一九五一年至一九七一年擔任中國石油公司董事長，一九五七年擔任「交大電子研究所」籌備主任。曾獲頒63學年度交大名譽博士，一九八一年病逝於臺北。國立交通大學得以在臺復校，其居功甚偉，現今校園內之「竹湖」、「竹軒」、「竹銘館」以及「梅竹賽」等，皆沿用其字「竹銘」以紀念之。

31 彭松村，成大電子工程學士、交大電子工程研究所49級、紐約科技大學電子物理博士。歷任交大電信工程系教授、主任，以及電信中心、電子資訊研究中心主任等職務。

32 交大復校後，在美國發展的校友趙曾珏等人注意到「核子」和「電子」這兩項學門，對未來的影響層面最廣。當時清華大學已經在新竹復校，並決定朝「核子工程」發展，所以交大就專注在「電子工程」上。（資料來源：張如心，《矽說台灣》，潘文淵文教基金會，頁66，2006）

33 民國四十六年（一九五七年）交大籌備在臺復校，新竹縣政府捐贈土地，校舍部分2.5832甲、宿舍部分0.5742甲，合計3.1574甲，復校後並持續收購鄰近畸零民地。復校籌備期間，旅美交大校友為復校購置設備發起十萬美元募款計畫，在臺校友則發動籌建校舍募款運動，以新臺幣一百萬元為目標。籌募委員會以班級分編為三十三隊，向九百五十六位在臺交大校友募款，募款截止時共募得兩百一十餘萬元。交大電子研究所第一座校舍，今博愛校區竹銘館，即由校友募款加上美援經費一百萬元始得順利完工。

民國五十七年（一九六八年）奉核增購校地4.6561公頃（約四點八甲），然而公告地價與市價相差懸殊，地主損失過巨，持續向各方陳情訴願阻攔徵收，相關爭議經過一年協調方圓滿落幕，交大校區面積得已增加一倍。（資料來源：《交通大學八十年》，國立交通大學工學院，1976。《百年樹人：交大世紀之慶特刊》，國立交通大學，1996.04.08）

大學的遠見

交大是研究型大學，必須走在時代尖端，校長要有一定程度的學術地位才能服眾，因此這麼多年以來有條潛規則：校長應該要有中央研究院、美國國家工程學院（The National Academy of Engineering）、美國國家科學學院（The National Academy of Science）其中之一的院士資格。

我對交大校長遴選制度的另一個期待，就是避免「近親繁殖」：校長不一定要是交大校友，用人唯才而不是追求血統純正。交大應該在國內、外廣徵有成就的人才擔任校長及教授，香港和新加坡各大學都是如此。只有選到世界級的校長，才能選到頂尖的教授，也才會吸引優秀學生就讀，交大必須創造這種良性循環。

◆易子而教

比如香港科技大學成立沒多久，世界排名就衝到前二、三十名，[34]連臺大還在百名外，更不用說交大都在二、四百名，[35]人家為什麼爬得這麼快？因為他們從德州大學聘請超導體研究專家朱經武當校長，[36]他可是有拿下諾貝爾獎潛力的學者。工研院擅長產研合作，他們就聘請工研院前院長林垂宙，擔任負責產學聯盟的副校長。[37]

新加坡南洋理工大學或者新加坡國立大學，為什麼世界排名也很前面呢？新加坡是

34 香港科技大學成立於一九九一年十月二日，二〇二二QS世界大學排名（2022 QS World University Rankings）第三十四名，二〇二二泰晤士高等教育世界大學排名（2022 Times Higher Education World University Rankings）第八十六名。

35 二〇二二QS世界大學排名，臺大排第六十八名，陽明交大排第兩百六十八名。二〇二二泰晤士高等教育世界大學排名，臺大排第一百一十三名，陽明交大排第三百零一至三百五十名。

36 朱經武，一九六二年畢業於成大物理系，後取得紐約霍涵大學物理碩士、聖地牙哥加州大學物理博士學位。一九八七年一月，他在液態氮沸點以上發現穩定的超導特性，開創了高溫超導研究及應用的新紀元，這重大突破被譽為現代物理學最重要的成就之一。二〇〇一至二〇〇九年接任香港科技大學第二任校長。（資料來源：香港科技大學官網）

37 林垂宙，一九八八至一九九四年擔任工研院第四屆院長。

很積極地去各國找優秀的高中生來讀大學，不只提供大學到博士班的獎學金，有些還會發綠卡，但是他們要求學生畢業後必須回新加坡工作。他們在人才培育方面真的花很多錢，而且從中學階段就開始找人才，臺灣目前這方面做得很不夠。

香港和新加坡會主動去國際間找適合的人才和優秀學生，清大新任校長也是從國外挖人回來，而不是找清大校友，[38]那交大為什麼不能這樣做呢？

吳妍華校長和我就有個共識，交大校長候選人或師資應該國內、國外都去找，在全世界登廣告去挖世界級的人才。當然國外薪水普遍比國內高，如果交大有機會聘請諾貝爾獎得主、諾貝爾獎候選人或是名望很高的學者，我就會提議薪資待遇不夠的部分，可以找校友或企業界捐錢去補齊。交大有這麼多創業的校友，絕對不會是問題，校友會也肯定支持。

我在MIT唸書的時候，學校還有幾條規定：第一，MIT畢業的博士，要到其他大學歷練六年後，才能回MIT應徵教授或副教授。他們認為把不同學校的優點帶回來，MIT才會一直進步，我覺得這個制度很好，很多美國大學也有類似的規定。[39]

第二，他們很少聘用MIT校友當校長。我接MIT校友會會長的時候，新任校長蘇珊·霍克菲爾德就不是MIT畢業，而是從耶魯大學轉到MIT任職。MIT因為有這樣的文化，才不會有「近親繁殖」現象，也能持續從其他學校吸收到好人才。[40]

交大排名一直沒辦法和香港、新加坡比較，我認為跟「近親繁殖」的關係很大。比如我在交大讀到博士，畢業後回來教研究生，研究生拿到博士以後又在交大教書，徒弟要超過師傅很難啊。「近親繁殖」絕對是交大需要嚴肅面對的問題，我覺得只有「易子而教」，交大才會進步！

◆ 護國神山是幸或不幸

臺灣的大學國際排名比不上香港和新加坡等國家，我認為還跟不夠「國際化」有關。

38 國立清華大學新任校長當選人為香港大學醫學院及工學院合聘之轉化醫學工程講座教授高為元，二〇二二年五月一日上任。學經歷：約翰．霍普金斯大學生物醫學工程學士，凱斯西儲大學生物醫學工程碩士和高分子科學博士，並曾在加州理工學院和瑞士聯邦理工學院從事博士後研究。（資料來源：國立清華大學官網）

39 臺大、臺師大等大學對新聘教師設有「旋轉門條款」，自校畢業生必須先到其他學校累積兩年經驗才可受聘，避免近親繁殖現象。有學者不同意先「外放」自家培養出來的博士，有歧視之嫌，也有學者認為，旋轉門規定不盡然是為了避免派閥，積極面應該是增廣自家博士的視野和經驗，美國名校如哈佛也有類似規定。（資料來源：馮靖惠，〈「外放」博士避免近親繁殖　學者反對：歧視自己學生〉，《聯合報》，2020.12.14）

40 截至二〇二二年，ＭＩＴ歷任校長中（共十七任），僅四人為ＭＩＴ校友。（資料來源：ＭＩＴ官網）

臺灣要走向國際化，研究報告或碩博士論文要用英文寫，別的國家才會來引用（citation）。只有用英文發表，而且刊登在有名的期刊上，臺灣的學校排名才能拉起來。香港和新加坡的大學名次很好，顯然英文研究論文加了很多分。

外國的月亮不一定比較圓，臺灣有些科系、研究所很值得讀，但我還是很鼓勵大學生有機會應該要出國進修，提升英文程度以外，對養成國際觀也很有幫助。如果大家都在臺灣拿博士，畢業後回母校教書，不只造成近親繁殖問題，研究論文又用中文寫，也沒辦法提高學校排名。

當然啦，只要願意進修都是好事，問題是現在臺灣年輕人好像活在「溫水煮蛙」的環境裡。很多臺灣的大學生都不想出國唸書，以報考國內研究所優先，也不喜歡唸博士，各大學都有博士班招不滿的情況，為什麼？

我認為主要原因之一，就是優秀的畢業生都不想創業，因為創業太辛苦了，要沒日沒夜地拚。大家只想躲在台積電、聯電、聯發科這些「大樹」底下，因為好乘涼嘛！

我一個親戚在某科技大廠裡當清潔人員，有一年連她的年終獎金都有一百多萬，我有位大學的同學在台積電當資深副總的時候，媒體報導他一年股票加薪水有四點七億，這種待遇多誘人啊！如果所有大學一流的學士、碩士甚至博士都被高薪吸走了，把台積電這些科技大廠拱成護國神山，這到底是幸還是不幸？

假使碩、博士都去做技術員的工作，大家也不想辛苦去唸博士了，臺灣其他電子公司受到排擠效應影響，也招不到好人才。長久下來，臺灣產業發展會嚴重窄化，優秀人才都不出國唸書，更影響國際化程度。臺灣要跳脫這種惡性循環，交大應該鼓勵更多人願意捨棄台積電、聯發科的高薪，有雄心壯志去創業，勇敢走出新的一條路。

◆排名不是唯一

交大作為一所頂尖研究型大學，不能只關心學術排名，也應該思考怎麼樣協助臺灣產業發展。比如應該多招收印尼、越南、東歐和全世界各國的學生。將來臺灣廠商要到各地設廠的時候，這些畢業之後回母國發展的國際學生，就是最好的聯絡管道，也可以當臺資企業幹部，幫忙組織公司在當地市場的營運。

你看越南暴動的時候，有些臺商是怎麼逃出來的？前幾年有位臺商跟我講，是越南籍的幹部護送他到機場，他才有機會搭上飛機離開。像我在新加坡開公司，總經理是用新加坡人，在中國開公司，總經理就會用中國人，但是財務長可能是我自己的人，因為中國貪污很盛行。

上｜2008年10月2日於新加坡參加中華民國國慶盃高爾夫球邀請賽，與富鑫新加坡總經理（左一）及當地僑商代表合影。
下｜受邀臺大EMBA演講留影，約攝於1996年。

而一所大學領導者的眼界，不能只看學校的發展，還應該對國家社會有所貢獻，甚至像ＭＩＴ一樣，以改善全球人類生活為目標。二〇〇六年ＭＩＴ校長蘇珊·霍克菲爾德來臺灣參加我的校友會會長交接典禮，她在演講裡面提到ＭＩＴ的目標有三個，我就覺得非常有遠見。

第一，ＭＩＴ經濟系很有名，出了好幾位諾貝爾獎得主，他們認為應該發展一套經濟理論，預防將來的經濟泡沫問題。第二，人類壽命愈來愈長，因此要發展「生命科學」。第三，解決能源匱乏、環境污染等問題。這些研究也不是只為了美國人，而是要有益全人類，所以他們把學校七成的資源，都放在這三個題目上。

這給我一個很大的震撼：解決全世界的問題，增進全人類的福祉，這才是國際級大學要做的事。就像張忠謀先生曾講，學校不只是製造第一名的優秀學生，或者訓練出專才去當教授、當工程師，而是要訓練領袖級的人才，因為他們看的是全世界。這種定位和視野讓人非常佩服，像臺灣還在爭頂尖大學、一流大學的名次，跟人家實在沒辦法比。

◆正視校區協同問題

有時候我也會想，如果我是校長的話，會怎樣規畫交大的未來？

我曾到東海大學、交大當特殊領域（Special Topic）的客座講師，也被臺大商研所教授邀請去做專題演講，還在臺大、交大EMBA演講、審論文、當口試委員等。我看臺大管理學院大樓，一蓋都是十幾層樓，因為市區可用土地愈來愈少、很珍貴。胡定華跟我講過，當初在建交大行政大樓時，他曾建議學校應該盡量向上增加樓層，把空地留下來，很可惜最後只蓋了三、四層樓。

交大光復校區是陸軍第二訓練中心遷走以後，把土地捐給交大，如果能像臺大一樣好好規畫，用長遠的眼光來設計思考，現在交大校園看起來會很不一樣。[41]

另外像交大後來成立了臺南歸仁校區光電學院，我雖然那麼熱愛母校，但是我都沒有捐款。第一，我覺得臺南校區太單薄，連鴻海集團的群創光電研究計畫[42]都找成大合作而不是找交大。郭台銘跟宣明智是小時候的玩伴，他們兩個很要好，宣明智站在交大校友的立場，一定極力促成鴻海和交大臺南校區合作。而且奇美也出錢和交大共建臺南歸仁校區大樓，奇美和鴻海也有一層關係，按道理交大和成大爭取這項研究計畫，交大應該是占了便宜。

最後鴻海選了成大，我想主要原因在於臺南校區的學生和教授人數都不多，相對地整體學術、技術含量，還有廣度、深度都不足。假如光電學院在交大校本部，各方面資源都很足夠，鴻海和交人合作的可能性就大了。

我沒有捐款的第二個原因，是協同合作（Synergy）的問題。臺南校區距離母校太遠，會影響教授去臺南的意願，就算用差旅（Travel Base）也很辛苦。以中興大學為例，當年文法商學院在臺北、農理工學院在臺中，地域的分隔讓學校行政管理沒有協同合作，彼此沒有太多的支持，學校行政的負擔、人事費用等等也沒有減少，最後才拆成臺北大學和中興大學。

41 民國六十七年（一九七八年），國防部同意謙讓陸軍威武營區，連同收購附近民地二十公頃，共計三十二公頃，開闢交大光復新校區。（資料來源：《百年樹人：交大世紀之慶特刊》，國立交通大學，1996.04.08）

42 二〇二一年九月二十九日，成大攜手群創光電成立「醫學影像中心」，結合面板大廠群創光電裸視3D前瞻顯示技術，以大量、各式各樣的影像重建，讓醫生在類比環境練習技術，提高準確性和安全性，達到精準手術預測。（資料來源：國立成功大學官網）

◆期待璞玉發光

臺南歸仁校區的未來發展，我還是會給予祝福，但我個人相當支持發展屬於「璞玉計畫」或者叫「臺灣知識產業園區計畫」一部分的竹北校區。[43]

知識產業園區遭遇部分地主抗爭，我是竹北在地人，在新竹求學、工研院工作到四十二歲才離開新竹，而且會講客家話，也經歷過新竹科學園區的建設，因此我曾被選為代表到公視，用親身經驗來和反對方討論。我在MIT唸書的時候寫過一篇論文，題目是談波士頓的95號公路，發展成科技重鎮的歷程，這次的討論會我就以MIT經驗為出發點。

比如MIT所研發的技術若Spin off成立公司，都是設在校園附近的住宅區，建築風格和民宅非常協調，居民也都不覺得反感。等到新創公司產品進入量產階段，會在95號公路附近建高樓、建廠房，95號公路旁的高科技走廊就是這樣建立起來的。史丹佛大學也從MIT挖了一位法雷迪．特曼（Frederick Emmons Terman）博士，最後發展出矽谷，孕育出谷歌、惠普這些國際級大企業。

新竹有科學園區，吸納了大量科技人才，人文素質等方面都很優秀。新竹縣市分家後，縣政府設在竹北，也很快發展成二十多萬人口的都市，很多園區上班族都選擇住在竹北，周邊台元科學園區也成立了。我認為知識產業園區已經有了很好的基礎，有機會發展成類似95號公路的高科技走廊，園區預定地內的農村地帶，未來也能跟著繁榮起來。

臺灣很可惜，就算97%的人都同意計畫，但是往往被3%反對派綁架，到現在這項計畫還一直卡關。不過我希望「臺灣知識產業園區計畫」還是能趕快動員一切力量去完成，未來才有機會變成下一個矽谷，而竹北校區在交大和知識產業園區未來發展中，肯定會扮演非常重要的角色。

◆生醫資訊前瞻整合

學校科系的規畫也同樣需要遠見，我認為交大要從工學院擴充編制升格為大學的時候，應該要增加「走在時代尖端」的科系，比如材料科學、生命醫學、生物科學或者基因研究，像清大早就已經進入生命科學領域了。[44]不過，當時交大選擇成立的是交通運

43 二〇〇四年四月八日「臺灣知識產業園區」獲內政部核定為國家重大建設計畫，計畫範圍涵蓋竹北市、芎林鄉兩個行政區，約435.1435公頃，預期建構北臺灣科技、資訊、金融、經濟和商業中心，並催生大學城以及高科技研發園區，建構一個知識經濟的學習型區域。（資料來源：新竹縣政府官網）

輸管理相關系所，這些都是在海洋大學或者成大早就有的老科系，[45]我覺得相當可惜。

交大在臺復校時成立的是「工學院」，四個系都是電子電機類科系，後來研究半導體做出全臺灣第一顆電晶體，[46]全臺灣第一部IBM電腦650[47]也是在交大，可說是走在電腦資訊研究的前端，跟「交通」根本就沒有什麼關係了，只是一個名稱而已。

我認為交大在改制大學的時候，科系規畫方面應該要更具前瞻性。就是因為交大當時在材料科學、生命科學、醫學這些領域的發展長期空白，才發展出交大和陽明大學合校的計畫。

吳重雨校長連任失敗後，我、宣明智還有陳俊秀就跑去找陽明大學吳妍華校長，[48]我們真的是「三顧茅廬」，希望她來應徵交大校長。她本來不願意來的，因為她已經計畫退休了，連申請書我們都打算幫她寫好，後來她才終於點頭，接任後和校友間的默契也很好。

交大一直走在時代尖端，在半導體和電腦資訊領域是臺灣之王，但是近幾十年來卻沒有什麼傲人的成果。吳妍華校長上任之後，規畫發展「BioICT計畫」，希望運用資訊電子協助提升人民健康和生活品質，這是非常好的理想，我和班上四位同學也捐了一千兩百萬元給這個計畫。[49]

如果從這個角度來思考陽明和交大合校計畫，這個方向是非常正確的。

44 一九七三年清大創辦「分子生物研究所」，一九七四年開始招考碩士班研究生，為全國首創專注新興分子生物學領域教學研究與人才培育的研究所。一九八四年「分子生物研究所」博士班成立，一九八五年擴編更名為「生命科學研究所」；一九九一年創辦「生命科學系」與「生物醫學研究所」，一九九二年成立全國第一所「生命科學院」。（資料來源：國立清華大學官網）

45 民國六十二年（一九七三年），教育部令交大工學院增設「海洋運輸學系」和「航運技術學系」，民國六十三年（一九七四年）成立「運輸管理學系」。民國七十三年（一九八四年）「海洋運輸學系」劃歸海洋學院（現國立臺灣海洋大學）辦理，「航運技術學系」於民國七十三年調整為「工業工程與管理學系」。（資料來源：沈繩一，〈走入歷史的科系，一句不離本「航」〉，《交大友聲》，354期，1996.02）。國立臺灣海洋大學民國四十六學年度（一九五七年）設航運管理科。國立成功大學交通管理科學系創立於民國四十四年（一九五五年）。

46 一九六六年張俊彥和郭雙發做出全臺灣第一片積體電路（金氧半場效電晶體及積體電路），現存於交大發展館。

47 交大計算機中心成立於一九六一年，引進國內第一部電子計算機IBM 650。（資料來源：秘書組，〈交大計算機中心簡介〉，《交大友聲》，343期，1993.04）

48 一九九九年七月三十一日吳妍華校長陽明大學任期屆滿，二〇一一年二月至二〇一五年一月接任交大校長，二〇一五年二月至二〇一五年七月三十一日代理校長。

◆磨合需要大智慧

早在二〇〇一年，校友總會就曾在臺北火車站二樓會議室，針對合校舉辦校友溝通協調會，當時鄧啓福校長是總會理事長，我是新竹分會理事長。印象中，出席校友幾乎是一面倒反對，上海交大的老校友甚至氣到拍桌子，認為交大為什麼要改名換姓。老校友是那麼樣地以母校為傲，同時努力維護母校權益，這個情景一直烙印在我心裡。

在我看來，臺北和新竹的兩所大學合校，最先會遇到的問題是協同合作，臺北大學和中興大學就是最好的例子，地域的隔閡會讓合校很難產生預期的綜效。而臺大電機資訊學院和醫學院由於都位在臺北市，兩者才能發展出密切的合作交流。

另外，加州大學（UC）系統底下有十所分校，都是各自獨立發展、運作，真正掌權的是各分校校長（Chancellor），總校長（President）反而沒有實權，只是象徵性代表。事實證明，UC系統各分校發展都非常傑出、各有特色，對於合校議題的討論，相當具有參考價值。

從二〇〇一年校友溝通會到二〇二一年，合校計畫整整花了二十年才完成。後來的合校決議過程，我認為比較大的瑕疵在於沒有舉辦「全面性公投」，只在校務會議投票就定案。不可否認，現在還是有相當比例的學生、教授和校友反對合併，學校應該多花時間和大家溝通，讓大家完整了解合校帶來的綜合效應。就我個人看法，兩校規模差距很大，而且交大一八九六年就成立了，我覺得校名應該是「交通陽明大學」。

另一件我比較關心的事情，就是要怎麼樣公平地分配資源，例如交大校區學生跟教授人數是陽明校區的三倍，但校務會議會員代表，交大人數明顯偏低太多。

此外，就我個人的觀點，電子資訊科技的發展速度很快，幾年內就可以看到成果。相對之下，醫學研究發展，需要比較長的時間才能看出成果，對於短期內要提高學校聲望，不是特別有利。

49 吳妍華校長表示，五十年前交大以博愛校區作為半導體及資訊研究基地，帶領臺灣五十年經濟起飛；展望未來五十年，交大看準生醫資電將帶動另一波經濟奇蹟，決定延續博愛校區孕育第一代高科技領航者之能量，興建生醫產學合作專用園區，全力投入生醫教學、研究及產業創新協成。為有效帶動生醫工程跨域研發能量，交大發起成立全臺唯一生醫資電 BioICT 聯盟。

聯盟以產學合作為宗旨，規畫跨領域推廣課程，並成立平台廣納接受電資理工領域與生醫人才，進行技術開發與交流。同時也將規畫企業專案論壇，邀請企業指定題目，與學校相關團隊進行交流，鼓勵業界早期投入，鼓勵學校團隊參與產業導向研究。希望透過交大的ＩＣＴ強項，協助臺灣產業開發高值化醫材，提升臺灣生技競爭力。（資料來源：〈交大 BioICT Consortium（生醫資電聯盟）成立打造臺灣未來五十年新氣象〉，《交大電子報 eNews》，135 期，2013.02）

合校之後，學校資源怎麼樣合理公平地運用分配，而且要發揮最大成效，這需要領導者運用高度智慧來思考規畫。

◆校譽永遠第一

陽明和交大合校用了二十年時間，我相信合校之後也還有磨合期的考驗，能夠儘快磨合完成當然很好。不過，二〇二一年八月陽明交大學生會陽明分會新生手冊封面設計，把「交通」兩字寫得跟「蚯蚓」一樣小，縮在「陽明」兩個大字旁邊，就一位交大老校友的立場，我是真的非常不高興，我認為這是「矮化」交大，沒有考慮交大校友的感受。

因為這件事情連同其他校務問題，我寫了五點公開信（其中三點為教授意見）發給全校教授和林奇宏校長，我很震驚會被媒體報導出來，有些報導還斷章取義，說我認為「兩校乾脆分手算了！」[50]

我寫這封信，只是希望讓全校教授了解我的想法，包括我對學校的建議，或者認為學校做錯了什麼事情要改進。我並不希望這些東西被媒體披露，甚至搞到讓媒體用「交大合校之後紛擾不斷」的角度來報導，所以用字遣詞我都很小心處理。

會影響交大校譽的事情，絕對都不是我的本意！

我的信開頭就是針對新生手冊的事情，我覺得交通的字體只有陽明字體的四分之一，這已經無關乎「鼓勵學生自由發揮創意」，而是很明顯的歧視。第五點是我認為應該把管理學院遷到臺北北門校區，畢竟全世界一流的商學院、商學研究所，比如哈佛商學院、ＭＩＴ史隆管理學院、史丹佛大學、芝加哥大學、賓州大學華頓商學院、倫敦政經學院，全都位在首都或大都會區，這樣才方便和企業合作。

張俊彥校長當年要把臺北北門校區的管理科學研究所搬回新竹系所合一，但是臺北的教授不願意，才另外成立了經營管理研究所。[51]經管所風評很不錯，在臺北還可以接到很多計畫，可以跟很多企業、金融機構合作，這是對的方向。交大除了發展技術，也

50 媒體報導原文：近日交大一名老校友邱羅火發出一封致該校校長林奇宏的公開信，呼籲校務人事不應疊床架屋，二校既然難合，就分手吧。（資料來源：王駿杰，〈點出陽明交大合校問題老校友發公開信〉，《聯合報》，2021.09.23）

51 一九七〇年八月交大博愛校區成立「管理科學研究所」碩士班，一九七九年八月遷至現今所址臺北市忠孝西路一段114號四樓，即北門郵電大廈四樓交大臺北校區。一九八一年奉行政院核定設置博士班，一九九三年增設碩士班新竹教學組並於博愛校區運作，一九九八年八月奉准更名為「經營管理研究所」。（資料來源：陽明交大經營管理研究所官網）

要發展產學合作，管理學院產學主要合作對象是金融界，搬到臺北才是對的。

◆金融中心先卡位

以往各界都認為交大管理學院在工管、生管等產業相關管理領域較強，財經領域研究並不強，最近政府推動的「國際金融管理學院」計畫，[52]才會決定設立在政大和中山大學。

我認為交大管理學院應該加強總經、個經、貨幣政策、財經政策、計量經濟、國際貿易、創新創業、技術移轉、企業併購（Mergers and acquisitions，簡稱M＆A）、金融科技（FinTech）的研究發展。M＆A或設立公司又會牽涉到法律層面，所以我鼓勵科技法律學院也一起搬到臺北北門校區。

臺北北門校區所在地臺北北門郵局，正在進行都市更新規畫，[53]都更以後學校可以分配到四千坪左右空間，與其將容積率移轉到陽明校區去蓋新大樓，我認為還是應該留在原址，因為兩個地方的土地價值差太多了！

就算都更後空間不夠分，交大還可以選擇附近的市政府雙子星大廈，位置一樣很不錯。而且未來金管會、證券金融大樓都會進駐，這一區會變成臺灣的金融發展中心，交大已經卡了一個好位置，將來肯定能一直往上爬。

我們校友能幫忙做的，比如動員人脈關係去跟蘇貞昌院長溝通，想辦法保住臺北北門校區，這些校友都做到了，接下來就看管理學院和科法學院院長、各所所長、系主任怎麼樣去規畫，未來要如何在臺北發展。

除了新生手冊和管院這兩點，公開信裡提到其他有關學校人事架構的事情，這些倒

52 國發會、金管會合力推動，並由金融總會和金融研訓院負責執行的國家級「國際金融管理學院」，已確定「北政大、南中山」的架構，將分別在政大和中山大學各設立一座國際金融管理學院，是繼半導體學院之後，另一個「國家級」學院。（資料來源：朱漢崙，〈國際金融管理學院　架構成形〉，《工商時報》，2021.10.21）

蔡英文總統出席中山大學「國際金融研究學院揭牌典禮」時指出，政府規畫打造臺灣成為亞洲企業資金調度及高階資產管理中心；希望透過國際金融研究學院，培養更多國際資產管理人才，擴大財富管理業務規模，吸引國際機構和資金來臺。總統指出，產學創新條例通過後，不同產業人才可以在大學裡訓練，這是教育跟培育人才的新嘗試，繼半導體學院之後，政府開始把重心轉向金融業。（資料來源：〈總統出席「國際金融研究學院揭牌典禮」〉，《中華民國總統府》，2022.03.04）

53 該都更案定位為「國家創新創意及金融中心」，未來除原土地所有權人（中華郵政、財政部國有財產署、國立陽明交通大學及臺北市政府）外，「臺灣證券交易所股份有限公司」、「臺灣期貨交易所股份有限公司」、「財團法人中華民國證券櫃檯買賣中心」、「臺灣集中保管結算所股份有限公司」等金管會四大周邊金融機構亦規畫進駐，可促進臺灣新創及金融科技產業發展、經濟轉型、吸引國際資金及人才目的。（資料來源：中華郵政官網〈臺北郵局公辦都市更新案專區〉）

不是我寫的，而是學校教授想法，因為我不在學校裡面，我不太清楚。從交大畢業都五十多年了，已經算是局外人，校內的事我們校友都儘量不去干涉，因為我們並不了解校內詳細情況。雖然不對的事情我還是會發言，但「不傷害校譽」絕對是我最大的原則。

第五章　初心

我可以提供很多經營管理制度、法規、用人策略的建議，
也可以幫忙檢討修正商業模式；
像我這樣七十多歲的「閒人」，其實是年輕人最好的導師。
只要年輕人有心奮鬥或創業，我都很願意助一臂之力。

上｜與交大傑出校友宣明智（右二）、女子高爾夫協會理事長劉依貞（左二）合影，攝於 2011 年。

下｜2007 年小學同學聚會合照，當時剛動完腦瘤手術，頭髮尚未留長（右二），中間為仁愛國中前校長何碧燕。

歸去來兮

臺灣女子職業高爾夫球協會理事長劉依貞曾告訴我一件事：旅日高爾夫球選手涂阿玉，[1]她在前兩桿沒辦法把球打上果嶺的時候，就宣布退休改當教練。我也一樣，以前第二桿一定可以打上果嶺，現在非三桿不可，老了嘛……。

有次我被邀請擔任研討會與談人，坐我旁邊的與談人是一九七四年出生的中國業者。我的天啊！我居然和兒子那一代的人坐在一起開研討會！我那時候就發誓，再也不參加任何論壇，因為時代已經不屬於我們這年紀的人了，之後我也很少出現在媒體前。

1　涂阿玉一九五四年出生於臺中，一九七四年轉入職業球壇，三十一年職業生涯，累計贏得一百一十四場冠軍，包括七十一座日本職業高球巡迴賽金盃，七度榮膺年度賞金后，生涯累計獎金近七億日圓。二〇一七年入選日本職業高球名人堂，成為首位獲頒此項榮耀的非日籍（臺籍）女將。（資料來源：張國欽，〈「臺灣之光」涂阿玉首臺人登日高球名人〉，《中時新聞網》，2017.03.28）

我從一九八九年進入創投業，到現在已經三十多年，每兩、三年投資重點就會改變，一直到七、八年前，我對網路、大數據、雲端這些領域的知識已經比不上年輕人，也沒辦法體會市場行銷、生活習慣、消費習慣的時候，我就決定退出。這不是歲月無情，人老的時候就是非退不可，因為時不我與，自己跟不上時代了。

◆ 享受退休

我的富鑫創投是臺灣前幾大的創投公司，[2]最多的時候我曾同時當五十八家公司董事、八家公司董事長，那壓力真的很大。所以我不會勉強兒子參與投資、創投這一塊，我自己家族的基金跟管理公司，他也都不想接。他很明白跟我講，不要過我那種生活，太辛苦了！他就當他的股東就好，給別人去做。

我認為創投業不太可能父傳子、子傳孫，就跟高科技公司一樣，要由專業經營團隊去延續，找好的專業經理人繼續經營，專業經理人做不好就替換。公司的創辦家族成員可以只當股東，不要一直想控制公司。把科技公司當成家族企業經營的紛爭很多，有的是子女不想接班就去跳樓，有的是父子互嗆、對簿公堂，這樣怎麼能夠發光發熱？

既然兒子沒有接班想法，我就開始把公司縮編，也把二十八個管理基金陸續結束。

基金解散要換回現金才能發給股東，如果有好幾十家賣不掉或者有困難的公司，我就自己花錢買下來，參加他們的董事會進行整頓，讓基金能夠解散。

我虛歲都七十五歲了（二〇二二年），早就應該退休過輕鬆的生活，每天都睡到自然醒，而不是這幾年才退休。我所謂的退休就是不再募資金，因為募一個基金要Commit 10＋2年，最短也要7＋2年，我現在的年紀和體力已經沒辦法了，弄太大我更收不了攤。

雖然心裡還是很捨不得，畢竟以前這麼輝煌，現在老了就要下台。不過家裡人倒是都贊成我這麼做，現在也覺得錢其實夠用就好了，事業不用再做得這麼大。

目前我還繼續在做兩件事，第一就是臺灣國內和跨國併購案M&A。像中國企業如果想找什麼樣的公司談併購、臺灣公司想找外國企業談併購，或者國外回來的人想和臺灣企業合作，我都可以幫忙牽線。

2 邱羅火於訪談表示：一家創投公司的規模，應該以Total Aggregate Assent Under Management（AUM）是多少Billion或Million計算，也就是把歷史基金經營管理績效和能力合併計算比較公平。以富鑫創投為例，近年雖然持續縮編，但不能把過去管的基金成績全部抹煞。每次他到國外募資時，都會以Aggregate幾年的AUM數字說明自家公司規模和營運能力。

第二，我也做創新的天使投資人，投資一些有創意的公司，擔任他們的董事幫忙看營運績效，提出一些建言。

◆有用的「閒人」

我的個性就是這樣，能夠幫人家忙就儘量幫，一些有創意的年輕人需要我幫忙，我很願意和他們討論。像交大天使俱樂部，[3]我也曾幫忙聽簡報、審案子，針對簡報方法，或者商業計畫書應該要有的預算、五年計畫、市場策略、競爭對手、總市場規模、團隊陣容這些研究分析資料，給一些修改方向的指導，還有策略建議。

其中五年計畫，是我多年職場生涯養成的習慣之一：所有東西例如財務規畫，一看

3 「交大幫」的成功企業家，如宏碁創辦人施振榮、聯電榮譽副董事長宣明智、群聯董事長潘健成等人，於二〇一二年號召六十多位「交大傑出校友」組成「NCTU Angel Club」（交大天使投資俱樂部），以鼓勵年輕人創業。俱樂部執行長郭加泳表示，Angel Club為交大校友會的社團，成員都是交大畢業、事業有成的企業家，社團會選出九位對各產業及財務有專精的校友，成立虛擬投資團隊，校友都是不收一分錢，義務協助與篩選投資案例。獲得Angel Club投資的新創公司，需要捐出獲得投資金額5%經費，以及一席董事席次給交大校友會。（資料來源：何英煒，〈交大幫企業家　當創業天使〉，《工商時報》，2013.05.17）交大天使投資俱樂部官網指出，目前已有十五項跨產業成功募資案例。

上｜大學畢業三十年同學會合照，前排右起沈灝、邱羅火、謝耀男、葉沐陽、蔡長泉、黃少華，後排為同行家眷，2001年7月攝於夏威夷。
下｜大學畢業三十年同學會合照，前排右起黃少華、沈灝、邱羅火、謝耀男、葉沐陽、蔡長泉，後排為同行家眷，2001年7月攝於夏威夷。

都要看五年，要滾動式預測（Rolling Forecast），一邊做一邊不斷地修正，我覺得這才是有願景的經營方式。

我還可以提供很多經營管理制度、法規，甚至用人策略的建議，比方怎麼開董事會、要遵守哪些法規等等。如果公司一直做不好，就幫忙檢討修正商業模式，看是要轉個方向，還是跟別人策略聯盟、併購甚至關門。我這樣七十多歲的「閒人」，其實是年輕人最好的導師。

我現在投資一家新創公司 mit.Jobs，[4]他們是和各國人力機構合作跨國性、中高階人才的媒合。特別在香港反送中運動之後，很多人想到國外工作，或者臺灣人想去高曼、新加坡星展銀行（DBS）工作，就需要這種求職服務。不過這兩年疫情關係沒辦法旅行，嚴重影響了高階跨國人才的面試，公司營業額就沒辦法快速成長。

開公司一定要努力，就怕商業模式不對，那怎麼樣努力都沒用，我到現在還一直幫忙他們修正商業模式。我另外也在幫以前的秘書，規畫他們的SPAC[5]怎麼樣能在納斯達克掛牌，只要年輕人有心奮鬥或創業，我都很願意助一臂之力。

◆創業前先想想

話說回來，也不是每個人都適合創業，我並不鼓勵每個人都創業，但是鼓勵符合幾點條件的人創業：第一，經濟上比較沒有煩惱；第二，能忍受跟家人相聚時間很少、沒辦法在家吃晚飯；第三，能夠經常旅行，忍受長期出差不回家；第四，自己有點子，可以跟夥伴分享利益。

只要有一項條件不符合的人，就不一定要創業。比如你非常重視家庭生活和親子活動，那你可能不太適合創業，這個是取捨。如果沒有領公司薪水，家裡就沒辦法過活的人也不適合，我寧可你去找一份穩當的工作，不見得要冒這個風險。講句玩笑話，自己公司垮掉還能夠承受，或者出差三個月另一半不會跑掉，這樣的人就適合創業。

我不鼓勵每個人都創業的原因之一，就是創業失敗率真的太高了！而且創業如果不成功，很容易把你一生的經歷或者自信全部抹煞，那是很痛苦的事情。當然，也有愈挫

4 二〇一八年十一月改名MeetJobs。

5 Special Purpose Acquisition Company, SPAC（直譯為「特殊目的收購公司」）。

愈勇的人，像川普破產過四次，都還能捲土重來，我相信他應該是不斷累積人脈，才慢慢找到自己的生存方式。

邱再興學長的例子比較特別：他因替朋友作保，朋友公司倒了，影響到他的事業，後來他才去了趟東歐。東歐的傳統工業比如玻璃很發達，但是電子科技方面很弱，他就靠著這方面專長東山再起，賺了幾十億新臺幣。後來他把公司交給專業經理人經營，自己遊山玩水當股東，去湖南跟江蘇買了很多的刺繡作品，才成立了鳳甲美術館。他能夠重新站起來，我覺得機運很重要。[6]

不過，全世界只有一個川普或者邱再興，也不是每個人都像賈伯斯或比爾·蓋茲一樣聰明，從大學休學後就能成功創業。在我看來，剛出社會的新鮮人比較不適合創業，最穩當的方式，還是先到企業蹲幾年或者換幾家公司，有了三到五年業界經驗後，再找一群夥伴出來創業，成功機率就大多了。

◆「財散人聚」放心中

還有，「少年得志」不一定是好事，職位一下子爬太快，不如馬步蹲久一點，將來不管在任何職位才比較穩。以我自己為例，一九七五年如果我捨棄月薪一萬元的工研院工作，回ITT當月薪兩萬七的工程部經理，等過幾年ITT又賣掉了，萬一我又「被離職」了，要找到相同薪水的工作很難。就算自己砍薪水，別人還會擔心你能不能適應。

所以我建議不要一下子就想當總經理或大官，反而要趁年輕不斷地換工作學習，不要太計較錢，這樣可以增加你生存的命脈。我就是一步一步爬，在ITT一份薪水兼兩份工作，到工研院就學寫案子、寫報告、做實驗，從搞IC、電腦、磁控管、FCC實驗室到國家標準，跨領域的知識範圍太廣了，還要常常唸書讓自己知識能力更紮實。因為有過這些經歷，我才能順利轉入創投業，一路走來也算平穩。

網路倒是很有意思，它讓「創業」增加很多可能性。我認為網路的重點不在於「科技」，大家都不需要非常深入了解網路技術，也不需要電子系或者資訊系的學歷就會用網路。想在網路上創業，需要的是能夠改變生活型態的各種創新想法，思考也要更懂得

6　一九八五年，邱再興替朋友公司作保，最後朋友跑路，留下的債務由他一肩扛起，賣掉手中所有公司，包括環宇電子，戶頭沒有半毛錢。一九八七年，他拎著一只皮箱跑到科技業的處女地——東歐，被邀請到東柏林，協助設立半導體廠和電腦裝配產線，三年賺了約新臺幣三十億元。後來邱再興買下蘇州、長沙等地刺繡博物館館藏，至今累積五百多件珍貴繡畫，花費約新臺幣兩億元。（資料來源：曹以斌，〈神祕富豪　施振榮的啟蒙老闆　邱再興百億刺繡藏品揭祕〉，《壹週刊》，2015.04.16。邱再興，《捨得，電子業先驅邱再興的事業與志業》，圓神出版，2015）

變通。假設你不是要透過網路創業，還是要一步一腳印地把該學的科技、技術和知識底子打穩。

若最後還是決定要創業，怎麼樣寫好商業計畫書跟別人募資，就很重要了。我在看BP的時候，會希望產品或服務最好不是「Me Too」，也就是做別人做過的東西，而且一定要有亮點來抓住別人的眼睛。第二，要能夠描述商品化量產的時間表。第三，至少要募到三年以上的資金，就算三年都沒訂單，也能讓公司活下去。

一般新創公司能不能繼續經營或者是關門大吉，大概三年就看得出來。有些人怕自己股份被稀釋，只募了一、兩年的資金，這是很自私的做法。一次募到三年資金，這樣老闆就不用拎著包包到處跟人家要錢，可以把時間花在老闆本分應該做的事。

有句名言說得很好：「財散人聚，財聚人散」。

有些人在公司創業辛苦的時候，都還能夠和平共處，等到公司上市了、賺錢了，內部人事就開始鬥爭。如果利潤都集中在某幾個人身上，公司團隊也就很容易散掉，所以我一直認為把公司利益分享給股東、合夥人和員工非常重要，這樣團隊才有凝聚力。雖然員工領了分紅或年終獎金之後就離職的例子也很多，但當老闆的人還是要把「財散人聚」這句話放在心裡。

但求無悔

坦白講，我已經步入人生黃昏的階段，也想過著快樂的黃昏生活。現在每天的生活作息，大概就是早上九點多起床，開始拉筋、深蹲、訓練核心肌群各種運動到十一點多，早餐和中餐就一起吃了。我的早餐也很簡單，比方一條小黃瓜、半根香蕉、一塊芭樂、一粒小番茄再加一杯優酪乳就解決了。

等到公事做完或者別人來諮詢結束之後，也差不多到了晚餐時間。我太太常說我真好養，她做什麼我就吃什麼，沒什麼討厭或不吃的食物。我現在吃得很素、很清淡，但我年輕的時候可是「肉食動物」。

因為我以前是運動選手，蛋白質吃得特別多，就算家裡人不准我們吃牛肉，我到新竹讀書之後吃起牛肉根本肆無忌憚。年紀大了以後運動量減少，飲食如果不節制，會胖得很厲害，現在常常一餐飯菜分成兩餐吃。

上｜大學同學（右起）蔡長泉、鄰居李先生、鄰居李太太、邱羅火夫人、邱羅火，於2010年同遊張家界天門山。
中｜小學同學會合影，攝於2017年4月5日。
下｜高中同學會合影，攝於2017年4月16日。

上｜北海道家族旅遊合影，攝於2017年3月25日。
下｜春節赴日家族旅遊巧遇苗豐強（左五），兩家人合影，攝於2019年2月4日。

吃完晚飯，我會先把電子郵件、Line都回覆完，然後我習慣喝一、兩杯紅酒，這是我唯一不願意放棄的嗜好。年輕的時候我比較喜歡喝啤酒，創業之後需要靠人脈，談投資的應酬多了，也就養成喝紅酒的習慣。

◆人生難免有憾

每個時代流行喝的酒不太一樣，有陣子喝白蘭地，後來流行威士忌，現在大家都喝紅酒。如果要寫篇小文章或者小詩，喝點酒我的靈感就來了，我雖然是讀理工出身，卻很喜歡寫作。接著我會看一些輕鬆的節目，比方高爾夫球頻道，或者看幾頁書，然後再上床睡覺，多年來都是這樣。

喜歡聽音樂，這是讀新竹中學時期養成的習慣，古典樂、歌劇、音樂劇都聽。我特別喜歡歌劇和音樂劇，可以感受到文學的美、歷史時代背景，當然還有好聽的音樂。以前我在紐約百老匯看過《西貢小姐》(*MIss Saigon*)，我覺得很不錯，在臺灣還沒有引進演出的時候，我就曾招待幾對股東夫妻檔，一起搭飛機到香港去欣賞。

從現代人的角度去看《西貢小姐》這部劇，會覺得有點不可思議。一個美國大兵愛上了一位越南女子，後來美國大兵被調回國，女子也流落到泰國的酒吧謀生。這故事真的讓我很想哭，命運總是這樣捉弄人。

就好比坊間流傳葛雷哥萊·畢克在演出電影《羅馬假期》時，就愛上了奧黛麗·赫本，卻一直沒有對她表示。後來兩個人各自經歷幾次婚嫁，直到奧黛麗·赫本過世的時候，葛雷哥萊·畢克還專程去送行，說他一輩子只愛她一個人。[7]一開始我心裡的想法是：「混蛋，你喜歡她就去追嘛！幹麼藏在心裡面？」後來才發現，這兩個故事都告訴我們：人生難免有些缺憾。

這讓我想到流行樂壇之中，我雖然非常喜歡莎拉·布萊曼，但最欽佩的是席琳·狄翁。席琳·狄翁的老公生病五年，她就放棄歌壇專心照顧老公，一直到她老公過世後才復出。在歌壇或影劇圈裡，有這種革命感情的夫妻真的不多，反而緋聞、離婚好像很平常，我不是特別喜歡風花雪月或八卦新聞。至於周杰倫、五月天唱的歌，只能說我聽不懂，不是我的菜。

7 葛雷哥萊·畢克曾表示：「她（赫本）從不說人壞話，道人長短，她的個性很好，我想大家都知道這一點。她沒有這一行常見的笑裡藏刀、蜚短流長那種個性，我很喜歡她，其實我愛她，要愛上她實在太容易了。」不過始終沒有證據證明兩人的情愫，雙方也都未曾對此表示意見。（資料來源：唐納·史波托〔Donald Spoto〕，《遇見完美：永恆經典奧黛麗·赫本的一生》，臉譜出版社，2007）

◆真心渴望和平

有幾本書我倒是非常推薦，比如《紅樓夢》。《紅樓夢》雖然裡面角色很多，從柔弱的林黛玉到剛烈的尤三姐，作者又都描寫得很生動，相當具有文學藝術價值。《悲慘世界》、《鐘樓怪人》這些文學巨著也應該要看，可以了解從十五、十六世紀到十九世紀初法國大革命的歷史演變，感受人民無處發洩的痛苦生活，還有教會、政府的專制壓迫；就是在這麼壓抑的時代，法國才能產生這麼多文學家、藝術家。如果問我最喜歡的國家，我想在文化藝術領域，不管文學、音樂、繪畫、建築，法國會是我心裡的第一名。

我也很鼓勵別人多看一些描寫世界大戰的電影，才會知道戰爭如何摧殘人性、導致家庭破碎。就像跟著國民政府來臺灣的一、兩百萬軍人，他們是那麼相信政府「一年準備、兩年反攻、三年成功」[8]的口號，可是很多人到最後日子都過得很辛苦。這讓我更堅持主張世界不應該有戰爭，也很渴望和平。

有一次我帶著家人到瑞士旅遊，我和小孩在因特拉肯（Interlaken）的河邊游泳。河邊就是一大片果樹，水果隨手一摘、河裡洗洗就吃了，還可以聽到牛鈴的聲音，那才真的是人間天堂。到了首都伯恩（Bern），看到十七、十八個年輕男女手牽手唱歌跳舞，我真的很羨慕他們那麼幸運生在瑞士，生活那麼樣地無憂無慮。

瑞士是中立國，每個人都受高等教育，國家發展的是高精密、高科技、高附加價值的產業，國民所得也高。我常在想，臺灣和中國能不能和平相處？怎麼解決這個問題，我沒有解方，但是我真的很渴望和平，希望可以過像瑞士人一樣的生活。

其他國家比方德國，我就覺得所有事情都太守規矩。北義大利就是工業國，南義大利又跟希臘一樣太浪漫。韓國則是民族性太強悍，藝術文化也比不上日本。

其實，我還滿同情日本人，雖然國民所得也高，可是生活品質環境卻不成比例，像房子很小、吃得很少、擠公車電車上班要兩個小時，家庭主婦還要省吃儉用，這都是高物價的問題。不過日本對小孩教育的重視，還有培養出來彬彬有禮的氣質，那是沒話講，這是幾代以來國民教育的成果，臺灣需要很久才能達到同樣境界。

8 一九五〇年五月十六日，蔣中正在「為撤退舟山、海南國軍告大陸同胞書」，提出「一年準備，兩年反攻，三年掃蕩，五年成功」口號。（資料來源：葉惠芬，〈蔣中正與反攻大陸計畫之制定：以「武漢計畫」為例〉，《國史館館刊》，50期，2016.12）

◆和病痛當好朋友

雖然夕陽無限好，人生到了黃昏階段，難免還會有很多煩惱的事，特別是健康問題。我從小到大身體都還不錯，比較大的問題就只有遺傳性腎臟結石，三位姊姊和我子女也都有結石症狀。我讀初中時曾發作過，因為實在太痛了，就開始自己翻書研究。服兵役時也發作一次，我和醫官討論病情，他還以為我是醫學院畢業生，真的是「久病成良醫」。

退伍後到環宇電子上班又發病，而且結石已經卡在輸尿管，醫師判斷必須馬上開刀，要不然腎功能會受損，我一輩子都記得那次手術發生的事。

我當年酒喝得多，所以麻醉劑沒有太大效果，連續加了幾次劑量都沒效，醫生又趕著開其他台的刀，只好把我的手腳綁著，刀子就下去了。因為是半身麻醉，醫生下刀或者清結石的過程我都很清楚，整個過程我全身冒汗，這應該是我一生最痛的時候了，現在想起來都覺得好殘忍。

那次開刀真的把我嚇死了，三個月後又有另一顆結石，醫生說如果不想開刀，就要多喝利尿的飲料。之後我每天早上起床就開始喝啤酒，一箱一箱從早喝到晚，一、兩個月後結石就排掉了。後來還有一些小的結石，都靠大量喝水的習慣來排結石，經驗多到甚至可以推算結石移動的速度和排出的時間。

我另外比較大的健康問題在於攝護腺和脊椎，四年中已經開了三次刀。脊椎部分可能是長期打高爾夫球揮桿姿勢造成的問題，也可能是十年前我在上海辦公室，從四樓階梯跌下三樓的舊傷。要不要開刀我考慮了很久，不贊成開刀的醫生要我從此都不能打球，但是我的事業夥伴、朋友都在球場，最後才下定決心動手術。

開刀以後並沒有完全解決腰痛的問題，反而其他部位也痛起來。以前我一個禮拜打兩次球，後來只好改為一個禮拜一次，在球場上感覺不舒服也要馬上停止，這樣第二天起床才不會痛。我的高爾夫球教練是國手林文堂的爸爸，所以我的揮桿、收桿、轉桿動作都很標準漂亮，現在只能靠調整姿勢，找到和腰痛共存的平衡點。

我曾看過一份統計資料，一般人越接近死亡前的七、八年，生活品質是不好的。我算很注重保養，身體狀況也都很好，應該可以活到八、九十歲，但是我很早就決定「不過不良品質的生活」。我已經很清楚地告訴太太和子女，危急的時候不氣切、不電擊、不插管、放棄急救，時間到了就讓我走。

之所以會有這樣的想法，是因為我媽媽晚年的時候，我做了一個錯誤的決定，讓她人生最後六年過著完全沒有品質的生活。經過這個教訓，我不想走和她老人家一樣的路。

◆被一句話害慘了

小時候在鄉下地方，會有一些到處跑的賣藥團，先演一些野台戲、雜耍，然後賣藥。我爸爸好像就是跟他們買了補藥給我媽媽吃，她的腎臟才會受損，四十多歲就得了糖尿病，從四十幾公斤水腫到七十多公斤。我家就是因為爸爸媽媽接連生病，才會是全村最窮的人家。

一九九四年，我媽媽跟著我從新竹搬到臺北敦煌別墅，是獨門連棟的四層樓房子，算是過了一段衣食無缺、有品質的健康生活。一九九八年我媽媽七十五歲，她因為糖尿病視網膜病變，不小心踏空樓梯摔倒，導致大腿骨折。出院之後她決定搬回新竹老家住，我每個禮拜回新竹兩趟看她。

有一次看完媽媽已經很晚了，我開著車子要回臺北。剛上交流道，我突然又想到媽媽，很不忍心一個老人家自己在家，我立刻車子掉頭一轉，又回老家去看我媽。

我媽媽搬回新竹後也是常往返醫院，有一次她在醫院突然窒息，瞳孔都已經放大了，醫院問我要不要氣切急救？我打了通電話給一位醫生股東，他說站在醫生立場一定要救，如果不救，以後就不跟我來往！

我真的是被這句話害慘了，因為我媽媽再也沒有康復過。除了氣切，還要插鼻胃管、插尿管、吊點滴，她身上四根管子插了足足五、六年直到過世；後來怕她會拔管子，連手腳都綁著，真的很可憐。她清醒的時候就會用眼睛瞪我，雖然嘴巴不能講話，但是我知道她在罵我，因為她想走。

我媽媽八十一歲過世，可是她真正能吃東西的生活是在七十五歲以前，七十六歲以後都靠鼻胃管，完全沒有生活品質。我媽媽的看護曾告訴我，她說當了三十幾年看護，從沒看到一個老人家氣切或急救之後能完全康復。大多都是拖時間，既浪費醫療資源，也浪費家裡的錢，雙方又很痛苦。

當時我媽媽需要吃高蛋白，加上全職看護、住院費、維生機器租金，一個月就要十八萬元。這筆錢對一般人是很沉重的負擔，還好我自己創業，錢還不是最大的問題，而是每次要抽痰的時候，那過程我都不敢看，真的太辛苦了。

有一位同學就罵我：你以為你這樣很孝順，其實是不孝，讓你媽媽受苦六年！看到我媽媽的情況，很多結拜兄弟的爸媽要走的時候，他們也都同意不急救。

我媽媽的相片，我還壓在書桌的玻璃下面，也常常會想到自己的爸爸媽媽。我對爸爸一直覺得很虧欠，他年紀那麼大才生下我，我又一直讀書沒辦法賺錢，所以他就算氣喘也還要挑東西工作。而他過世那天，我沒有停下車跟他多講幾句話，我到現在都還覺得很遺憾。

至於我對媽媽最抱歉的地方，就是不應該讓她跌倒骨折，還有瞳孔都放大了仍氣切急救；如果當時決定不氣切，她的人生應該會有個完美的結局。

◆成就轉眼成空

年輕的時候在學校拚成績，出了社會就拚誰爬得比較快、薪水比較高，同儕競爭壓力很大。等到退休以後回頭一看，那些其實都是空的。

比如我五個孫女都是美國籍，真的是從國小到高中一路玩到底：下課就打球，畢業前還要登過雪山或玉山，滑水、划槳、泳渡日月潭這些水上活動就更不用說了；每學期還要去街頭，幫偏鄉學校或弱勢族群募款。這些是很好、很多元的教育方式，有沒有參加課外活動和運動，也是申請美國大學的參考項目。據我所知，美國人都是這樣玩到高中，進了大學以後就是昏天暗地學習。

我孫女是先享受快樂的青少年時光，進大學後再苦讀，有很大機會培養出一輩子的興趣。當然她們也可以犧牲青少年的玩樂，努力考上很好的大學，可是未來又不一定會有很好的事業成就。而且就我的觀察，書讀得不怎麼樣的學生去做生意，通常發展都很不錯。

像曹興誠學長是臺大電機系畢業，而他的圍棋下得很好，也喜歡看書、看武俠小說，所以他思路很廣。這些讀書以外的興趣，都對他的事業經營有很大的影響和幫助。[9]

我雖然覺得讀書是件好事，但是成績好不好，根本不用高興也不用悲哀，因為讀書只是基礎訓練，並不代表以後的成就。最重要是要有廣泛的興趣，然後從裡面找到自己終身的興趣。像我退休這麼多年，一定要抓到幾個興趣，要不然日子就很難過了。

◆手放開

網路上有篇短文：一位美國退休國防部次長去演講，他說還沒退休之前，都是坐在貴賓室裡，退休以後變成一介平民，只能在會場跟大家擠來擠去。

9 曹興誠興趣相當廣泛，樂在研究人類歷史、地球生態、武俠小說與圍棋攻防。他的足智多謀，讓業界常拿他的謀略，與歷史人物曹操相比。（資料來源：張如心，《矽說臺灣》，潘文淵文教基金會，頁49，2006.06.26）

退休後，除非你是前總統還會配侍衛，一般老百姓並沒有太大的差別，財產一、兩千億的人，再能吃也吃不了多少，睡覺也就是一張床而已。我現在體會到，只要基本生活過得去、可以溫飽，就不用太在乎自己是有錢還是窮苦人，不用凡事都跟別人比較。

所有心中的不愉快、痛苦或失望，幾乎都是從「比較」和「計較」而來，看開了，心就開了。更要注意的是健康，因為錢是買不到健康的。人生躺在棺材那一刻，你就什麼東西都看開了。

還有一篇網路文章說，亞歷山大臨死之前有三個遺願：棺材由醫師獨自運回國、通往墓園的路要灑滿財寶、把他的雙手放在棺材外面。

第一個遺願告訴世人，醫生面對死亡也無能為力，要懂得珍惜生命。第二個遺願，是希望人們不要花一生的時間去追求財富，很多時候卻在浪費時間。第三個遺願想讓人們明白，我們都是兩手空空地來，兩手空空地離開。

人生啊，差不多就這樣。

邱羅火生平年表

時間	事件	備註
1948	12日16日，出生於新竹縣竹北鄉	因晚報戶口，身分證登記出生日期為民國38年4月2日
1955	入六家國小就讀	
1961	國小畢業，考入新竹一中（今新竹市立建華國中）	
1964	初中畢業，考入新竹中學（今國立新竹高級中學）	
1967	高中畢業，考入交大電信系	
1971	大學畢業，服預官役	臺灣退出聯合國
1973	7月退伍	7月5日工研院成立
1973	新興電子服務一個月	
1973	9月環宇電子任副工程師	
1973	年底，環宇電子售予美商ITT，升主任工程師	
1974	6月訂婚	9月工研院電子中心成立
1975	1月父親過世	10月26日TAC成立
1975	4月16日，結婚	
1975	12月兒子出生	
1976	5月1日，赴美國RCA受訓（IC計畫）	4月26日IC計畫成員赴美
1977	3月回國	
1977	10月29日，工研院積體電路示範工廠落成	
1977	11月女兒出生	
1979	9月19日，電腦計畫成員赴美國王安電腦訓練	4月電子中心改制電子所 9月電子所成立聯電籌備處
1980	3月1日，電子所執行磁控管自製計畫， 與黃則夫博士帶隊赴美學習磁控管技術	
1980	5月1日，聯電成立	
1982	5月13日，電子所成功研發磁控管	

1983	12月9日，電子所建立電磁干擾測試能力， 獲美國FCC認可	
1985	1月19日，調任「度量衡儀器檢校中心」主任， 擔任國家標準實驗室計畫主持人	
1985	帶隊赴雷神公司受訓，個人在馬里蘭州NBS拜訪	
1985	8月20日，張忠謀先生到任工研院院長	
1987	5月5日，量測中心完成標準實驗室， 正式開放對全國服務	2月電子所衍生成立台積電
1987	5月6日，赴MIT就讀	
1988	5月取得MIT碩士，7月回國	
1989	9月1日，由工研院量測中心離職	
1989	出任H&Q漢鼎資深副總	
1990	1月出任建邦創投資深副總，4月離職	
1990	5月出任億威董事長	
1991	10月由億威離職，回H&Q漢鼎任總經理	
1994	漢茂基金名列全臺五百大服務業第一名， 漢通基金第六名	
1995	10月由H&Q漢鼎離職，11月籌畫富鑫， 12月取得執照	
1996	2月成立日鑫創投，規模7.5億元	（註1）
1996	9月成立泰鑫創投，規模7.96億元	
1997	1月成立宏鑫創投，規模7.9億元	
1997	10月成立遠東創投，遠東倉儲託管遠東基金5億	（註2）
1997	成立矽谷辦公室及種子基金1,010萬美金，由汪昌言擔任總經理：歐帝前任執行副總經理兼創始人林豐祿，電腦週邊大廠TMC公司總經理陳燦榮為顧問	（註3）
1997	12月成立大鑫創投，資本額8億元， 富鑫成為國內創投業前五傑	（註4）

1997	當選86學年度交大傑出校友
1997	促成萬海少東陳致遠投資新加坡封測大廠聯合科技（UTAC）
1998	3月成立鼎祥創投，規模3.35億元
1998	7月成立鼎創創投，規模2億元
1998	7月成立欣鑫創投，規模5.525億元
1999	當選交大校友會新竹分會理事長
1999	4月成立新加坡公司
1999	10月富鑫在新加坡成立3千萬美金「Fortune Technology Fund I, Ltd.」，獲得新加坡政府基金投入1.54億美金
1999	12月成立美鑫創投，規模5億元，投資美國軟體業
1999	12月成立信鑫創投，規模5.55億元（聯電投資2億），投資IC設計業
1999	12月成立中鑫創投，規模6億元
1999	12月成立交大創投基金，規模規模4.26億元
2000	《促產條例》自1月1日起取消創投業20%租稅優惠
2000	6月成立FortuneTech Seed Fund Ltd.，規模1,010萬美金
2000	7月成立宏遠育成，新增「宏遠創投」8億元　（註5）
2000	促成聯電於新加坡設立12吋晶圓廠
2000	8月成立Fortune Technology Fund II, Ltd.，規模2,500萬美金
2001	北車二樓會議室舉辦合校校友溝通協調會，時任新竹分會理事長
2001	1月成立CMF Technology Fund I Ltd.，規模4,287萬美金
2001	10月成立大華富鑫創投，規模2.55億元

2002	5月成立富鑫第一集成電路基金，規模1,235萬美金
2002	7月富鑫創投在南京受託管理美金3千萬元 「南京富鑫通訊創業投資基金」
2003	工工系校友夫妻染SARS逝世募款
2004	1月11日，接任交大校友總會第二任理事長
2004	5月母親離世
2005	9月成立Fortune Greater China Fund II, L.P.， 規模2,700萬美金
2006	7月接任MIT在臺校友會會長
2007	7月腦瘤開刀
2007	宣明智當選交大校友總會第三任會長， 邱羅火任輔導理事長
2008	入選「交大50，影響50」校友名單
2009	成立Fortune Technology Fund，規模5千萬星幣
2010	宣明智連任交大校友總會第四任會長， 邱羅火續任輔導理事長
2010	辭去校長遴選委員會主席，3月吳重雨校長連任投票 未通過
2010	成立富鑫昆山基金，規模2億人民幣
2012	擔任臺北市關懷盲人教育協會理事長
2013	卸任交大校友會輔導理事長
2014	12月成立創鑫一號創投，規模2億元
2020	名列客委會《臺灣客家名人錄》
2021	2月1日，陽明、交大正式合校，8月發布《致林奇 宏校長公開信》

註1 日新創投是在聯電董事長曹興誠、億華電機董事長盧瑞彥及宮前五金等企業及個人的共同出資下協助成立，由邱羅火擔任總經理。（張欽發，〈和信聯電主導中怡創投成立〉，《工商時報》，1996.05.23）

註2 富鑫接受委託管理的5億元遠東基金，也是國內近來少數不是由管理公司自行募集，而是因為專業能力受肯定而接受委託管理的基金，這個例子和先前台積電將2千萬美金基金交給旭揚理財顧問公司管理的情況類似。（林宏文，〈富鑫管理基金規模逾28億元〉，《經濟日報》，1997.05.30）

註3 林宏文，〈富鑫顧問總經理邱羅火應鼓勵創投導入高科技產業〉，《經濟日報》，1997.05.30。

註4 李淑芬，〈國內創投基金再添五虎將〉，《工商時報》，1997.2.12。

註5 黃嘉裕，〈百億元級創投集團一一冒出頭〉，《經濟日報》，2000.08.17。

歷史與傳記系列

從茅寮細砽仔到臺灣創投天王：邱羅火口述歷史

口　　述　邱羅火
採訪編撰　朱富國
封面設計　兒日設計
封面原圖　友聲雜誌社提供
內頁排版　黃暐鵬
執行編輯　陳建安

出 版 者　國立陽明交通大學出版社
發 行 人　林奇宏
社　　長　黃明居
執行主編　程惠芳
編　　輯　陳建安、林軒陞
行銷專員　蕭芷芃
地　　址　新竹市大學路1001號
讀者服務　03-5712121 #50503（週一至週五上午 8:30 至下午 5:00）
傳　　真　03-5731764
官　　網　https://press.nycu.edu.tw
E-mail　press@nycu.edu.tw
FB粉絲團　https://www.facebook.com/nycupress

製版印刷　中茂分色製版印刷事業股份有限公司
出版日期　112年1月初版一刷
定　　價　350元
ISBN　9789865470494
GPN　1011101595

展售門市查詢：
陽明交通大學出版社 http://press.nycu.edu.tw
三民書局（臺北市重慶南路一段 61 號）
網址：http://www.sanmin.com.tw 電話：02-23617511
或洽政府出版品集中展售門市：
國家書店（臺北市松江路 209 號 1 樓）
網址：http://www.govbooks.com.tw 電話：02-25180207
五南文化廣場臺中總店（臺中市西區臺灣大道二段85號）
網址：http://www.wunanbooks.com.tw 電話：04-22260330

從茅寮細砽仔到臺灣創投天王：
邱羅火口述歷史／
邱羅火口述；朱富國採訪編撰
－初版.－新竹市：
國立陽明交通大學出版社，民112.01
面；　公分.－（歷史與傳記系列）
ISBN 978-986-5470-49-4（平裝）
1.CST: 邱羅火 2.CST: 臺灣傳記
3.CST: 口述歷史
783.3886　　111016818